Curriculum and Aims
Thinking About Education

Decker F. Walker
Jonas F. Soltis

Translated by
Takayuki Sato
Kenichi Moriyama

カリキュラムと目的
学校教育を考える

デッカー・F・ウォーカー
ジョナス・F・ソルティス
著

佐藤隆之
森山賢一
訳

玉川大学出版部

Copyright © 2009 by Teachers College, Columbia University
First published by Teachers College Press, Teachers College, Columbia University,
New York, New York USA. All Rights Reserved.
Japanese translation rights arranged with
TEACHERS COLLEGE PRESS
through Japan UNI Agency, Inc., Tokyo.

カリキュラムと目的　目次

第1章　教師とカリキュラム　11

カリキュラムに関わる仕事についての両義的な感情　13
カリキュラムに関わる仕事のための時間と資源を見つける　14
カリキュラムについて決定する権限は誰にあるのか　15
カリキュラムを変えることが改善につながるとき　18
カリキュラムに関わる仕事に備える　22
さらなる探究のために　24

第2章　教育の目的　25

理想としての目的　26
進歩主義のカリキュラム観と伝統主義のカリキュラム観　33
カリキュラム理論　40
さらなる探究のために　41

第3章　一般教育　43

基礎を教える　45
これまでの歴史　46
学校を生活と関連づける　51
一般教育の最善のカリキュラムを求めて　54
見方が異なることの意義　58
さらなる探究のために　60

第4章　カリキュラム現象の概念化　63

知識の使用　65
教授過程の概念化　69

　　　　教科の構造　72
　　　　有意味な学習経験　73
　　　　学習計画(プログラム)の概念化　75
　　　　さらなる探究のために　80

第5章　**カリキュラム作成の手順**　83
　　　　カリキュラム作成の源泉　83
　　　　タイラー原理　86
　　　　シュワブの現実的・折衷的アプローチ　91
　　　　フレイレの解放的アプローチ　94
　　　　カリキュラム作成の政治性　98
　　　　さらなる探究のために　100

第6章　**カリキュラム実践の解明と批評**　103
　　　　タイラー原理の批評　104
　　　　カリキュラムと現代生活の批判　107
　　　　教室におけるカリキュラムの機能の理解　109
　　　　カリキュラムと文化の関係　112
　　　　さらなる探究のために　117

第7章　**交差する改革の流れ**　119
　　　　改革の解剖図　123
　　　　改革と段階的な変化　125
　　　　教師と改革　131
　　　　誰がカリキュラムに責任をもつのか　133
　　　　アメリカ式カリキュラム統制　136
　　　　改革はよいことか　138
　　　　改革：賛成と反対　140

　　　　改革と共に働く　142
　　　　カリキュラムの現在と未来　144
　　　　さらなる探究のために　149

第8章　　**事例と論争**　151
　　　　カリキュラムの変化　152
　　　　自由と学習　154
　　　　生活のための教育　157
　　　　労働のための学校　158
　　　　個人差と機会均等　160
　　　　大衆文化か上流階級の文化か　162
　　　　教育と公平性――学力格差の縮小　164
　　　　凧あげに行こう　166
　　　　個別化された学習　168
　　　　成績をつける方針　169
　　　　社会科のカリキュラム　171
　　　　十人十色　172
　　　　手続きは重要か　174
　　　　「適切な」文学を教える　176
　　　　批評家としての教師　177
　　　　理論と実践　180
　　　　ある学校の教育哲学　181
　　　　誰の目的が問題か　182

注釈付き文献目録　185
訳者解説　189
事項・書名索引　199
人名索引　201

◆ 凡例 ◆

1. 原書においてイタリック体で表記されている箇所は、書名の場合は『　』で、それ以外は傍点で示した。ただし、第7章ではイタリック体の箇所が多いため、読みやすさを考慮して傍点ではなくゴシック体とした。
2. 原書において" "で括られている語や文は、「　」で括って表記した。
3. 原書において引用されている語句や文章のうち、邦訳があるものについては、本書の統一性を考慮して改訳したところがある。
4. ［　］は訳者による補足説明または解説である。
5. 原書にはないが、とくに重要と思われる事項および人名などについて索引を作成した。
6. 原注は後注だが、読者の便宜を考慮して脚注とした。

教育を考えるシリーズ
第5版
ジョナス・F・ソルティス編

本シリーズ第5版は、これまでの版の長所を継承しつつ増補改訂したものである。本シリーズはどれも明瞭簡潔に書かれており、教職に就く前の未来の教師や現職教員に直接語りかけるスタイルをとっている。それぞれが有益な解釈の枠組みや、学校における日々の実践について示唆に富む洞察を与えている。数多くのケーススタディを用意して、理論と実践を橋渡しするという課題にも応えようとしている。読者は、教える、学ぶ、カリキュラム、倫理、学校と社会の関係について、基本的で哲学的な見解を手軽に習得することができるのである。

『学びの展望』
D・C・フィリップス
ジョナス・F・ソルティス

『教えるための倫理』
ケネス・A・ストライク
ジョナス・F・ソルティス

『カリキュラムと目的』
デッカー・F・ウォーカー
ジョナス・F・ソルティス

『学校と社会』
ウォルター・ファインバーグ
ジョナス・F・ソルティス

『教えに対するアプローチ』
ゲーリー・D・フェンスターマッハ
ジョナス・F・ソルティス

カリキュラムと目的

学校教育を考える

第1章
教師とカリキュラム

　本書の主題は、教育におけるカリキュラムと目的にある。本書であなたには、教師が学校で何を教えるかということや、学校教育は何を目的とすべきかということについて大いに考えていただきたい。ここでいう「カリキュラム」という用語は、学校が提供する公式の科目一覧――これを「公式のカリキュラム」と呼ぶ――だけではなく、教師、生徒［原語の student(s) は、アメリカでは、大学生の他、小学生、中学生、高校生にも用いる。本書で「生徒」という場合、小学校の「児童」も含む］、行政官らが学校で実際に作成する教育プログラムの目的、内容、活動、組織も指す。

　カリキュラムを取り扱うことは、すべての教師の日々の生活と分かちがたく結びついている。教師と生徒が運動場における正しい振る舞いに関する規則について教室で話すことは、カリキュラムの一部である。教師は、年間活動計画を立て、年度の目標を何にするか、どのような内容を取り上げるか、それぞれのトピックスにどの程度力を入れ、どのような順序で提示するかなどを決めることによって、カリキュラムを立案している。生徒は、選択科目を選んだり、生徒会の役員を投票で決めたり、生徒が作る組織に参加したりすることで、学校のカリキュラムを形成するのに一役買っている。校長が生徒のボランティアによる地域貢献プログラムを考案すると、それは学校のカリキュラムの一部になる。あまり重要ではない問題に脱線してしまったクラスの議論を修正しようとする教師は、カリキュラムに関する決断をその場でしている。話題になっている出来事について議論するために、社会科の授業計画を一旦脇に置いておくとすれば、教師が専門的な判断により、カリキュラムに関する当初の決定を修正するということである。そして、成績を付けるためにテストを作成し、テストの結果やその他の生徒の学習成果に関するデータをどう評価するかを決めるとき、

教師はカリキュラムについて考えているのである。実際、カリキュラムと教授は、人間の骨と体のように不可分の関係にある。

　私たちの考えでは、カリキュラムとは、どこかに書き記された独立した存在ではないし、教師が参照したりしなかったりするというようなものでもない。カリキュラムは、目的であり、内容であり、活動であり、組織であって、学校の教育プログラムや教師が教室で提供することと固く結びついている。もちろん、本書ではカリキュラムを、書き記すことができるものであるかのように語ることがあるし、実際、それぞれの学校には、概説的にであれ詳細にであれ、学校を指導する立場にある者が提供すべきと決断した、公式に文章化されたカリキュラムがある。学校の外部の人のために一般原理を明確にしておくことは通常は好ましいことであり、そうしておくべきである。学校全体のプログラムについては、1、2頁で述べることができるだろう。その中には、いくつかの目的、主たる科目や教科のリスト、教育哲学の簡単な説明などが含まれる。しかしながら、教師が使えるようにするためには、カリキュラムに関する記述はかなり細かいものとなることが多い。それがあることで教師は、内容、目的、活動、組織などの明細を総合的に知ることができるのである。

　しかしながら、カリキュラムとは、どんなに詳しく書かれていようとも、文章化された以上のものである。運動場のルールについての話し合いを例にあげよう。あるクラスでは教師がルールとそれを破った場合の罰則を示して、「誰一人としてこのルールを破ってほしくない」と一言コメントするだけである。別のクラスでは、教師が生徒に自分たちが必要と思うルールは何であり、罰則はどのようなものであるべきかと問いかける。その上で、学校全体が関わっている民主的な生徒会活動の一環として、生徒が校則について投票する。そのような話し合いは、先のクラスとは目的がまったく異なる。以上の二つの話し合いの内容はどちらも運動場のルールについてであるが、その目的と学びは異なるのである。前者の場合は生徒に警告を与え、後者の場合は自治を教えている。上の二つの例のカリキュラムは、まったく異なるものになりうる。本書は、そのような、より大きく、より包括的な意味でのカリキュラムについて考え、教師として行う多くのことがカリキュラムに関わる重要な仕事であることを理解できるように導く。

カリキュラムに関わる仕事についての両義的な感情

　ほとんどの教師にとって、カリキュラムとの関わりが、最高の日々になるか、それとも最低の日々になるかの分け目となる。ある学年や教科を一度も教えたことがない教師や、学校という組織に初めて入った教師は、学校の公式のカリキュラムが何であるかということを、そこに書いてある通りにするつもりはなくても、喜んで学ぶものである。特定の見解や技能を初めて教える教師は、教師用指導書に記されている示唆を、他のアイディアがひらめく程度のことであっても歓迎するものである。論争を呼びそうなトピックス――宗教、セックス、政治、歴史、進化論など――を教える場合、教師は、学校全体あるいは学区全体の責任者が、論争的な内容を教室でどう扱うべきかということについて心配しなくて済むようにしてほしいと思う。カリキュラムを立案するときに多くの教師は、自分の好きな教科を教える新しい方法を考え、教室で試してみることに大きな喜びを感じる。カリキュラム改善プロジェクトに他の教師や外部の助言者と一緒に参加することにより、専門家として成長する教師もいる。カリキュラム開発者として名声を得る教師もいれば、カリキュラム開発を本職とするようになる教師すらいる。どの教師も一度や二度は、その日の授業の準備ができずに学校に来て、教師用指導書に救われたことがあるものだ。

　その一方で、カリキュラムに関わる仕事は、次のような場合には頭痛の種にもなる。教師用指導書に書かれた通りに教えて、大失敗する場合。公式のカリキュラムが不適切だったり、そもそも存在しなかったりするので、教室での活動計画を立てるために、平日や週末に自分の貴重な時間を割かなければならない場合。公式のカリキュラムが教師の強い信念と矛盾したり、教師の個人的な教授スタイルに反したりする場合。公式のカリキュラムが、教材が易しすぎるか難しすぎるかしたり、生徒の生活からかけ離れていたりするために、クラスの生徒が必要としていると教師が考えていることに対応していない場合。ようやく習得して不自由なくやっていけるようになった公式のカリキュラムが、大幅に改訂されてしまう場合。学校行政官がカリキュラムを統治の手段として用い、それを厳しく押しつけてきて、教師が応用したり修正したりする自由や余地がない場合。慣れ親しんだカリキュラムを大幅に変更する改革案が出されたが、それを支持

すべきか反対すべきか判断がつきかねる場合、などである。
　教師がカリキュラムについて抱えることになる多くの困難の原因は、つきつめれば次の三つに集約される。

1．教師がカリキュラムに関わる仕事をするための時間や資源はどこにあるのか。
2．どうすれば教師は、カリキュラムについて決定する権限を手にすることができるのか。
3．どうすれば教師は、カリキュラムを変えることが実際に改善につながると判断できるのか。

　この三点について、一つずつ手短に論じてみたい。

カリキュラムに関わる仕事のための時間と資源を見つける

　カリキュラムに関わる仕事の中で、教師にとって最もいらだたしい現実の問題は、仕事をするために必要となる時間や労力をどうやってひねりだすかということである。教師という職業は、週5日授業がつまっている上に、その授業を計画したりテストや宿題の成績を付けたりしなければならないのであり、よほど精力的で活動的な人でもない限りきつい仕事である。しかも多くの教師は副業をこなさなければならず、家族がいる者も多いから、夜や早朝や週末に無給でカリキュラムの計画に時間を割くことは大変な負担になる。また、カリキュラムに関わる仕事には、教師や生徒のための計画や教材を準備するために、備品や設備が必要になることが多い。教師は、コンピュータとインターネットへのアクセス、資料のコピーや印刷、OHP用透明シートの作成、本の購入、実験室の設備などのための資金を必要としている。しかし、多くの教師はそのような購入物の予算を学校から与えられていないし、設備の使用もままならない。
　むろん、そのようなことは、カリキュラムに関する一冊の本で解決できるような問題ではない。そうした現実の重要な実践的問題についてできることは、問題があることに気づかせ、教える際に取りうる対策に目を向けるようにすることぐらいである。カリキュラムに関わる仕事に、定期的に

時間をとれるようにすることが大事である。さもないと、生徒や同僚や学校行政官の要求にはきりがないから、使える時間がすべて奪われてしまうことになるだろう。他の人と組んで働くと、仲間に合わせようとして、カリキュラムに関わる仕事に時間をとり続ける動機づけとなる場合もある。効果的に教えることができているか振り返る習慣を身につけておくと、カリキュラムについて考えることを、教師としての日常生活の一部にすることができる。学区や、近くのカレッジや大学で行われているカリキュラム改革プロジェクトに参加できる教師もいる。資金獲得の提案書を書いて、カリキュラムに関するプロジェクトを自分で始める教師もいる。地域の財団が、地元の学校の有望な改革プロジェクトを積極的に支援してくれる場合もある。教材や設備のための資金を集めるために、生徒や保護者を組織することができるようになる教師もいる。カリキュラムに関わる仕事のための時間や資源を、教員組合と学校間の契約交渉の問題とすることもできる。カリキュラムに関わる仕事のための時間や資源が利用可能であるということが、どの学校あるいはどのような学校組織で働くかを教師が決める上での判断材料になる場合がある。自分の時間の一部をカリキュラムに関わる仕事にあて、残りの時間を教室で教える時間にあてることを要求するという独自の方法を、学区内で協議することができる教師もいる。教師としてあなたは、カリキュラムに関わる自分自身の仕事に対する支援を得るために、置かれている状況に見合った戦略を見つける必要があるだろう。

カリキュラムについて決定する権限は誰にあるのか

　カリキュラムに関わる仕事の中で最も深刻な制度的問題は、カリキュラムについて決定する権限が誰にあるか、あるいは誰がもつべきかという問題である。

　新任の教師は普通、他の人が準備したカリキュラム計画に従うことで満足する。その計画を自分たちの教室に合った活動に変えることに専念するのである。しかし、経験を積むにつれ、カリキュラムに関わる問題に関する自分の判断力に自信を深め、さらに大きな役割を果たしたいと思うようになる。たとえば、学校や学区の委員会に貢献して公式のカリキュラムを立案したり、出版社やカリキュラム関連プロジェクトと共同でカリキュ

ムの教材を作成したりすることを望むようになる。自分の教室のカリキュラムを思い通りにしたいと思うようになるのはほぼ間違いない。ここに及んで教師は、多くの者にとって不愉快な真理に直面する。アメリカの公立学校においては、最も経験豊かな教師ですら、自分の教室のカリキュラムを思い通りにする権利を、法的にも道義的にも、公には認められていないのである。教師はまた、連携して自分たちの教科や学年のカリキュラムを統制することもできない。各州の公立学校のカリキュラムを定める法的権利を有しているのは、50州各州である。ほとんどの州は伝統的に、カリキュラムに関する権限を地方の学校組織に委ねてきた。地方の学校組織は、学区、委員会、郡区、郡などと様々な呼び方をされる政治的な組織体であり、それが統治する委員会を通して地域住民に対する責任を負う。カリキュラムに関する地方の学校組織の指示は、言論の自由のような個々の教師の自由を侵害する場合においてのみ、憲法に抵触する。教師は市民として思ったことを自由に口にすることはできるが、生徒に思ったことを話す自由までは認められていない。生徒が通う学校は公的支援を受けており、出席が法的に義務づけられているからである。

　そうではあるが、多くの教師は、自分でつくったカリキュラム計画を、ほぼ自由に教室で実践している。学校やコミュニティの指導者が、教師を信頼して支援しているからである。学校のカリキュラムが強い中央集権下にある組織で、独自のカリキュラムを積極的に作成している教師たちであっても、公式に文章化されたカリキュラムに合わせるように直接命令されることはほとんどない。むしろ教師側が公式のカリキュラムから逸脱することに疑問を感じたり、不安になったりする。逸脱について同僚や行政官に知らせる義務があるのではないか、知らせた場合、とがめられるような反応が返ってきたり、はっきりと批判されたり、あるいは懲戒処分を受けたりはしないかと心配になるのである。公式のカリキュラムとの間に矛盾を抱えている創造的な教師の多くは、その矛盾と直接向き合うというよりも、慢性的に悩まされ続けるような経験をする。権力による統制が弱い場合でも、カリキュラムに関わる問題における教師の権限が、学校組織によって制限されているという事実は見逃せない。

　さらにいえば、生徒、保護者、一般人も、カリキュラムに関わる問題に対する権利がある。民主的な制度では、権力は他の利害関係者との間で共

有されるのが一般的である。保護者は、自分たちの子どもに学んでほしいと思っていることを学校に達成させようとする。大学や雇用者は、入学・入社の基準を設定し、中学・高校の教師は、その基準を生徒が満たせるようにしなければならないと感じる。中高は、小学校やミドルスクールに満たしてほしい基準を設定する。生徒自身は、協力したりしなかったりすることにより、また、ある科目を選択して他の科目を選択しないことにより、教室で実践されるカリキュラムに対して一定の統制力をもつ。州議会は、すべての生徒に特定のカリキュラムを提供することを規定する法律を通す。多くの州は、州全体を対象とする試験を行う。その試験は、全生徒が学ぶべき重要性があると州の機関が判断した内容を網羅している。このような教師以外の利害関係者の意向があるがゆえに教師は、法律で法的権限が認められているとしても、カリキュラムに関わる問題を意のままに扱えるわけではないのである。

　そうであるなら、カリキュラムは本質的に社会的創造物、すなわち、共同で立案するものであることは明らかである。カリキュラムに関わる問題について公的な権限が認められた者でも、自分の考えをそのまま実施することはできない。すべての利害関係者の見解や関心について熟慮して対応する道義的責任や、専門家としての責任がある。教師は地方の学校組織の一員だから、カリキュラムに関わる問題について様々な圧力を受ける。一人ひとりの教師が、個人的な理想と公的な責任の間に生じる葛藤に対する対処法を見つける必要がある。

　本書では、カリキュラム作成における権限や、相対立する政治的利害関係に関わる問題について考える手助けをする。ここでは手始めに、あなたが置かれることになるかもしれない状況において、そのような問題に対処するための現実的な方策をいくつか示しておくにとどめる。実際に教える立場において認められている権限の限界を理解する必要がある。そのためには公的な政策方針を読めばよいのだが、あなたが求めるすべての答えがどこかに書き記されていると思ってはいけない。カリキュラムの責任者——校長、指導主事、カリキュラム・コーディネーターなど——とベテランの同僚の両方に、あなたの学校で、カリキュラムに関わる問題について教師に認められている自由や責任について尋ねてみよう。往々にして実践は、公的な政策と合致していない。カリキュラムに関わる活動でトラブル

に巻き込まれた教師の話だけではなく、カリキュラムに関わる仕事で名をあげた教師の話を聞いてみよう。そのような話は、あなたの学校で権限をもつ人の思考に潜んでいる規範や基準や価値を、間接的に教えてくれる。カリキュラムについて決断を下す権限が学校関係者の中でどう分配されているか確かめ、建設的に共同する方法を自分で考え出そう。前例に従う以上のことをするのが、本当の意味での専門家としての教師である。専門家としての教師はまた、学校が編み出してきたカリキュラムに関わる権限の分担の仕方を改善する責任を負っているのである。

カリキュラムを変えることが改善につながるとき

　ほとんどの場合、教師は直観や感覚に基づいて、新しいカリキュラムが自分の教室のカリキュラムの代わりとしてうまくいくかどうかということや、新しいカリキュラムを付け加えることができるかどうかを判断している。たとえば、ある学校が、100名ほどの小学校教師全員を対象として、学問重視の芸術教育の研修会を開くとしよう。講演者は、幼児に対してであっても、芸術の歴史、芸術批評、美学の基本的な見解を教えながら、芸術作品を作らせることができると主張する。学問重視の芸術の授業を教師が行っている教室のビデオを見せて、子どもたちは芸術のテクニックの活用だけではなく、より包括的でバランスがとれた芸術観を学べるとする一部の専門家の主張について説明する。

　ある教師は、この研修会は芸術の教授と学習について全く新しい世界に目を開かせてくれたと感じるかもしれない。それは彼らにとって、個人的に納得できるものであり、今教えている芸術のカリキュラムよりも子どもたちのためになると、内心では思っていることである。これを直観、あるいは専門的判断と呼ぶとしよう。この新しいカリキュラムが現行のカリキュラムよりもよいことを、彼らは知っているのである。

　その一方で、同じ研修会の後で困惑する教師もいるだろう。彼らにとって学問重視の芸術教育は芸術を損なうものであり、他の主要教科のように扱うことで、読み書きや言語の知識におとしめるものにほかならないように思われる。学問重視の芸術カリキュラムは生徒のために全くならないという思いを抱いて、研修会を後にすることだろう。

あるカリキュラムの長所に同意できない場合、教師はどうすればよいのだろうか。その判断は、学校のしかるべき人に委ねられるべきなのか。公聴会を開いて、意見の食い違いを議題にのせるべきなのか。評決にすべきなのか。専門家に助けを求めるべきなのか。正しい判断を導き出すための推論、問題解決、批判的思考の型のようなものはあるのか。どのカリキュラムが最善であるかを示す研究を行うことは可能なのだろうか。

　カリキュラムの良し悪しや、他のカリキュラムよりも良いか悪いかを問う場合には、何を問うているのかということを考える必要がある。サウスダコタ州の首都はどこかとか、2＋2はいくつかといった、単純な事実を問うているのではないことは明らかである。では、それはあるカリキュラムが他のカリキュラムよりも好ましいかどうかを問うているにすぎないのだろうか。それもまた違うだろう。そうだとしたらカリキュラムの選択は人気コンテストになり、個人の好みや流儀の問題になってしまう。問われているのはおそらく、カリキュラムに関わる判断が、学問的にみて正しいか否かということである。カリキュラムが誤っているということは、科学的理論の場合と同様に、それに反する証拠や議論を集めることによって示せるのだろうか。

　研究者の多くは、カリキュラムが誤っているか正しいかを証明することは、一部の特例を除いて不可能ということで一致している。カリキュラムが誤った前提や、正しくない前提に基づいていることがある。たとえば、学習や、トピックの提示の仕方の効果に関する前提が誤っていたり、正しくなかったりするのである。あるカリキュラムが誤った前提に基づいていることが明らかになると、当然のことながらそのカリキュラムにマイナスに作用する。そのカリキュラムの支持者は、カリキュラムや理論的根拠を修正して、誤った前提には依拠しないようにするだろう。それでもなおそのカリキュラムには多くの長所があり、全体的にみれば優れているということもある。そもそも人間が学ぶべきことに関する見解はどれも複雑で、完全に誤っていると証明されることなどほとんどない。それゆえ、対立するグループがその見解をめぐって賛成か反対か議論したあげく、結局は専門家がすべての意見をふまえて、議論全体の妥当性を否定してしまうというのがよくある最悪のケースである。

　同様に、あるカリキュラムが道徳的に間違っているとか、他のカリキュ

ラムよりも道徳的に劣っているということを、カリキュラムを真剣によくしようとしている人たち全員が納得できるようなかたちで証明することも難しい。一般に受け入れられている道徳的基準に照らし合わせて、カリキュラムが道徳的でないと判断することはできるだろう。たとえば、1930年代のヒトラーユーゲント組織の教育プログラムがそうである。しかし、ほとんどの場合、カリキュラムは自明視されている。その人たちが達成しようとしている望ましい目的という観点から、賞賛されたりすることすらある。カリキュラムについて賛成できないときに下される価値判断は、複雑で議論の余地を残す、微妙な判断になることが多い。たとえば、芸術は学問の一分野としてではなく、創造的表現の一様式として教えた方がよいのだろうか。見方によって、そうとも言えるし、そうではないとも言える。芸術を心理的セラピーの一部として用いるという状況であれば、イエスということになるだろう。芸術が様々な文化の中で今果たしている役割、あるいは、これまでに果たしてきた役割を生徒が理解できるようにするという状況であれば、ノーということになるだろう。カリキュラムに関わる諸問題についての価値判断は、黄金律、十戒、国連の人権宣言などのようにほぼ例外なく受け入れられている道徳的原理ではなく、さらなる議論の余地を残す前提や見方に基づいていることが多いのである。だからといって、道徳的に受け入れられるかどうかという観点からカリキュラム問題について考えようとする意識が薄いというわけではないが、広く受け入れられている原理に訴えてその問題を解決することは、思っている以上に難しいのである。

　カリキュラムの長所が言及されるほとんどの場合、特定の状況において、特定の目的に役立つということを意味する。その意味は、よい乾燥機だとか、よい家庭用コンピュータだとかいうときと大差ない。使おうと思っている状況において、その性能や実用性を判断するのに適した多くの尺度により、それを値踏みするのである。同じ衣類乾燥機やコンピュータであっても、業務用と家庭用では判断に適した規範や基準は異なるだろうし、上級の利用者と初心者では必要性が異なるだろう。

　読み方を教える場合、難易度順の練習問題中心に構成されているカリキュラムを用いるか、それとも生徒に自分自身の話を書いたり読ませたりするか悩むことがあるが、その答えは何をもって成功とするかによる。目

標とされることとしては、たとえば、読む速さ、流暢さ、語彙力、模範的な書き方の理解力、自発的に読もうとする意欲、優れた文学作品の読解力の育成などが考えられる。その答えはまた、想定されている文脈にもよる。将来の学習のための準備なのか、職業上の能力のためなのか、市民性のためなのか、それとも、生徒の人間としての潜在能力を十分に発達させる手段としてなのかによるのである。あるカリキュラムが他のカリキュラムよりも、すべての文脈において、関連するどの規範についても優れているということはまれであり、二つのカリキュラムの相対的な長所について判断が食い違う可能性は常にある。

　カリキュラムの質に関する判断は、判断の過程でその人が拠って立つ観念・価値・見方と、カリキュラムが用いられることになる状況の詳細に依拠している。意欲的で、学力が高く、大学進学を希望している高校生に最適のカリキュラムが、音楽や体育や芸術に秀でており、勉強に興味はないが自分で選んだ活動には意欲的に取り組む生徒にも最適であるわけではないだろう。社会的不平等の縮小を最優先する人からみて最適と思えるカリキュラムは、優れた文化の極地を表現する力の育成を重視する人には最適とは思えないだろう。

　以上の主張を要約すると、カリキュラムの長所に関する判断は、多様な価値に基づく、多面的で、文脈依存的な判断であり、より大きな社会観や哲学観や教育観と関わっている。このような複雑さを無視して直観だけを信じるということは、自分の頭で判断することの否定にほかならない。それなりの理由があって異なる判断をした他の人との対話を拒むことにもなる。他の人から学び、自分の判断を深めたり修正したりする機会も閉ざされてしまう。そうならないように、より広く知識を得て、視野を最大限広く保って熟慮することにより、自分の選択の理由を検討したり、お互いの相違について議論したりして、多くの人が支持できる判断に到達しようとすることが重要になるだろう。ここではそれを、十分かつ公平に熟慮された判断と呼ぶ。あるカリキュラムが適切であるとか正確であるということは、いかなる意味においても証明できないが、それでもなお、自分が置かれた状況において、最大限十分かつ公平に熟慮された判断に達するという目標をめざすことはできる。本書の主たる目的は、あなたがカリキュラムに関する自分自身の判断を、徹底的に、そして公平に行えるようにするこ

とにある。

カリキュラムに関わる仕事に備える

　教師は、苦労が多いがやりがいもあるカリキュラムに関わる仕事に、いくつかの方法で備えることができる。たとえば次のようなことが考えられる。様々な学校においてカリキュラムに関わる仕事を実際に経験する。特定の方法や手順を身につける。ほとんどのカリキュラムについての判断をこれまで導き、これからも導いていくであろう基本的な思想や見解に関わる知識を習得する、などである。本書を読むことにより、カリキュラムに関するいくつかの基礎的な考え方や見方に習熟できるはずである。それにより、あなたがこれまでに経験してきた、あるいは、これから経験することになる多くの現実の経験を解釈するための基礎が固められるだろう。次の第2章では、最も影響が強く、歴史的に支持されてきたプラトン、ルソー、デューイによる教育目的観と、様々な20世紀の進歩主義者や伝統主義者を取り上げる。彼らの見解が現代のカリキュラムの決断にどのような影響を与えており、どうすればそれをカリキュラムに関わるあなた自身の仕事に取り入れることができるのか、あるいは取り入れるべきなのかということを考えてみてほしい。

　第3章は、一般教育、すなわちすべての者に共通の教育の目的、内容、組織はどうあるべきかということについて、他の人と考えたり話し合ったりするように誘う。そのためには、一般教育という問題には様々な立場があったことを知り、カリキュラムに関するよい決定をするための方法について、一般教育という観点から考えられるようになる必要がある。あなたが教えることは何であれ、生徒の一般教育に何らかの貢献をしている。一般教育や、教えることがどのような貢献をするかということに関しては、様々な見解がある。それを知ることによって、これまでよりも知識が豊富で専門性が高い教師になれるだろう。また、カリキュラムに関して決断する上で、他の人とよりよく共同できるようになるだろう。

　第4章では、基礎的な概念や用語を提示している諸説について検討を加える。それにより、知識、経験、教授、教科といったカリキュラムに関わる概念について、明確に考えたり論じたりできるようにする。カリキュラ

ムを立案する様々な方法については第5章で論じる。続く第6章では話を元に戻し、過去や現在におけるカリキュラムの実態について、近年の研究者の力を借りて学ぶ。現在のカリキュラムの形態を理解し、その機能や是非に関する重要な問題を提起する一助としたい。

第7章は、これまでに取り上げたすべての見解を、より大きな政治的文脈に位置づける。この文脈において、カリキュラムを実際に改革するために必要な同意を得ることは非常に難しい。一つの社会として、対立的な改革案のバランスをとるためにはどうすればよいのだろうか。一人の教師として、カリキュラム改革の時期に、他者に対する義務を果たしながらも、自分を見失わないようにするためにはどうすればよいのだろうか。その方法について理解を深め、進むべき道を提案する。

最後の第8章では、カリキュラムと目的について、学生同士で実際により深く考える機会を用意した。この章では、ディベートや事例研究により、本書の各章で取り上げた見解や問題の一部を用いて議論したり、解決したりすることが求められる。どの事例や論争を読んで議論するとよいかは、各章末で示しておいた。この事例や論争を活用することにより、現実的な問題解決に直結する理論的な考察を行うことができるだろう。本書を読みながら、そのような真に迫った事例や論争について考えてみてほしい。まずは第8章の「カリキュラムの変化」に挑戦してから、次の章に進むとよいだろう。最後になるが、各章末には「さらなる探究のために」という参考文献一覧を、巻末には注釈付き文献目録を付して、カリキュラムの初歩を扱った本書を超えてさらに読んだり考えたりできるようにした。

本書は入門書であり、実際に教師が働いている世界の中でもとくに基本的で重要な側面について理解し、考える最初の一歩となるものである。教育を学ぶ教師として、あなたは本書のようにカリキュラムについて考えたり理論化したりすることが、カリキュラムに関わる日々の仕事をこなす上で最も効果的な手段となりうることがわかるだろう。真の専門家になるためには、それが不可欠なのである。それはまた、頭を使い、相手を思いやり、責任感をもって、道徳的な実践が行えるようにする手助けとなるだろう。

さらなる探究のために

Allington, Richard L., and McGill-Franzen, Anne. "Unintended Effects of Educational Reform in New York," *Educational Policy*, 6 (December 1992) : 397-414.
 本研究は、ニューヨークの12の小学校を対象として、近年重要性を増しているハイ・ステイクスな評価［第 6 章104頁の「ハイ・ステイクスなテスト」参照］や公的なアカウンタビリティが、その12校における留年の発生、治療教育、障がい児の認定に与えている影響について論じている。

Apple, Michael W. *The State and the Politics of Knowledge*. New York : Routledge/Falmer, 2003.
 国際的な研究者グループが教育の政治や政策について分析し、カリキュラムや学校の改革に関する政策決定は本質的に保守的であり、進歩主義的な社会運動には対立的であるとしている。

Clandinin, D. Jean, and Connelly, F. Michael. "Teacher as Curriculum Maker," *Handbook of Research on Curriculum*, Philip W. Jackson, ed. New York : Macmillan, 1992, pp.363-401.

Cornbleth, Catherine, "Echo Effects and Curriculum Change," *Teachers College Record*, 110 (2008) : 2148-2171.
 教室の外の社会的政治的勢力が、カリキュラムの政策や実践に与えている影響について論じている。

Croll, Paul, Abbott, Dorothy, Broadfoot, Patricia, Osborn, Marilyn, and Pollard, Andres. "Teachers and Education Policy : Roles and Models," *British Journal of Educational Studies*, 42 (December 1994) : 333-347.
 教育政策の立案における教師の役割や、その結果として生じる変化の過程について理解するための四つのモデルを検討している。

Lieberman, Ann, and Miller, Lynne. *Teachers-Transforming Their World and Their Work*. New York : Teachers College Press, 1999.
 教師と行政官の経験の内面に迫り、彼らが学校の変化をどう認識し、引き起こそうとしているのかを明らかにしている。

Little, Judith Warren. "Inside Teacher Community : Representations of Classroom Practice," *Teachers College Record*, 105 (2003) : 913-945.
 教師集団の日々の活動の中で、教師が実践を開発したり改善したりする機会について検討している。

NCREST, National Center for Restructuring Education, Schools and Teaching, http://www.tc.edu/ncrest/
 教師がそれぞれの成果を共有したり、カリキュラム実践について多くの実例を提供したりすることができる「実践のイメージ」に加えて、カリキュラムの政策や実践に関する著作のリストが掲載されているウェブサイト。

第2章
教育の目的

　カリキュラムに関する立案や決断は、言うまでもなく、私たちの教育目的観に左右される。それでは、教育の目的とは何であり、その根拠はどこに求められるのだろうか。目的はどのようにして実践と関わっているのだろうか。教師は日々教室で教授活動を行うために、目的をもたなければならないのだろうか。

　このような問いに答える前に、教育目的の本質に光を当てるべく、ある仮定の状況について考えてみよう。あなたは魔法のランプの精に、三つの願い事を叶えてもらえることになった。ランプの精はあなたの願い事に条件をつけた。願い事はあなたのための、個人的な願いであってはならない。スポーツカー、100万ドル、ここ6週間ほどあなたがデートしたくてたまらない人の愛などは、叶えてもらえないのである。

　願い事はまた、健康や清潔な環境などのように、すべての人のためになるものでなければならない。何が思い浮かぶだろうか。幸福だろうか、平和だろうか、それとも貧困の撲滅だろうか。さらにもう一つ条件があった。誰にとっても望ましいその願い事は、学ぶことによって初めて手にできるものでなければならなかった。背が高くなる、幸せになる、有名になるといったことは学びようがないから、願い事にはできない。よい健康を願うことはできるが、それはまったく病気にならないという意味においてではなく、バランスのとれた食事、適度な運動、深刻な病気の兆候などについて学ぶことにより、自分の健康を向上させることを学べるという意味においてである。

　実際、カリキュラムの理論家がこれまで人々のために望んできたのは、よい健康に類するものが多かった。たとえば、公正な社会とか、調和的で進歩的で民主的な国家とか、批判的に考え、道徳的に行動し、責任をもっ

て生きる能力などである。職業上の成功、生活適応、知的訓練、国家の生き残り、その他それに類する多くのこともまた、教育の目標として主張されてきた。教育目的とはすなわち、教育によって接近し達成しうると思われる、個人や社会の望ましい状態を思い描くことにほかならない。しかし、20世紀初頭にジョン・デューイが教育者に注意を喚起したように、「教育それ自体には目的はなく、人間や保護者や教師などだけが目的をもつのであって、教育のような抽象的な観念に目的はない」のである[1]。教師になれば間違いなく目的をもつことになるし、他の教師は自分の目的を達成するためにあなたの協力を求める。

　すべての教育者は、自分たちを動機づけ、自分たちが行うことを導く目的をもっている。ある目的は、はっきりとせずとらえどころがないし、ある目的は直接的で接近しやすい。本章では、教育思想家によって提起されてきた、いくつかの重要な目的について考察する。過去100年間における伝統主義者と進歩主義者の主たる教育論争についても検討を加える。カリキュラムと目的に関する彼らの考えを用いて、これ以降の章で論じられるカリキュラムの特徴の一端を明るみに出す。

理想としての目的

　古代ギリシャから現在に至るまで、西洋の主な思想家は教育の重要性、すなわち、教育がどのような機能を果たし、その機能のために教育をどう体系化するかということの重要性をよく理解していた。この節では、西洋文明における教育の思想や実践に大きな影響を与えてきた教育観を提起した、三人の哲学者の主張を概観する。紀元前4世紀に、ギリシャの哲学者プラトン（紀元前428-328）は、主著『国家』を著し、公正な国家を生み出すことを目的とする政府と教育について論じた。18世紀に、フランスの政治哲学者ジャン・ジャック・ルソー（1712-1788）が著した『エミール』は、自由のための教育に関する論考である。20世紀に、アメリカ最大の哲学者ジョン・デューイ（1859-1952）は、『民主主義と教育』を著し、個人の成長と、進歩的で民主的な社会を創り出す役割を主に果たす教育のあり方について述べている。

　カリキュラムと目的に関するそれぞれの主たる貢献について概説する前

に、彼らが提起したようなカリキュラム思想の意義を理解することが重要である。各著作において教育は、公正な国家、自由な個人、真に民主的な社会という理想的な状態を生みだす、主たる手段とみなされている。目的をそう説明したところで、現実には完全に達成できるわけではないだろう。不公平、自由の制限、不完全な民主主義は、克服しようと努力しているにもかかわらず、依然として問題であり続けているようである。達成できないのなら、そのような理想の目的に何の意味があるのだろうか。理想の目的は、それと反対の状態よりもよい方向を指し示しているというのが一つの答えになるだろう。理想の目的は、公正、自由、民主主義に高い価値を認めるべきことを宣言しているのである。それはまた、そのような価値と合致する教育の実践や手続きを提起することで、その目的を部分的にでも達成できるようにする。それにより、何がめざすべき善であるかを示し、教育によって人間が善なる生活を追求できるようにすることを強調する。

　教育者は理想の目的をもたねばならないのだろうか。R・S・ピータースという20世紀半ばのイギリスの教育哲学者は、理想の目的は必要なく、それなしでも教えられるとしている[2]。彼はまた、そのような大げさで達成しえない目的は、教育するための特定の価値や手続きに対して責任を負うものではあるが、現実に達成されるべき目標ではないと述べている。プラトン、ルソー、デューイの教育思想に関する概説を読みながら、次のことを自問してみよう。理想の目的は、教師の日々の活動に影響を与えることができるのだろうか。あるいは実際に影響を与えているのだろうか。また、理想の目的は、現実の世界に対する妥当性は乏しいのに教育学部で教えられている、哲学者の大げさで陳腐な言葉にすぎないのではないか。カリキュラムを教えた結果を基準に基づいて測定することが近年重視されているが、それはどの程度教師の目的の妨げとなっているのだろうか。考えてみよう。

　プラトンにとって理想的な教育目的は、公正な国家であった。『国家』は、ソクラテス（プラトンの師であり分身）が、公正な国家をもたらす適切

1） John Dewey, *Democracy and Education* (New York : Macmillan, 1916), p.107.（松野安男訳『民主主義と教育（上）』岩波文庫、1975年、174頁。）
2） R. S. Peters, *Authority, Responsibility and Education* (London : George Allen and Unwin, 1959), ch. 7.

な計画を立てる前にまず問いを発して、本質的な答えを得ようとするところから始まる。公正とは何か。どのような形態の社会的政治的生活が公正な国家を実現するのか。強者が弱者を恣意的に支配する社会ではないことはたしかである。ソクラテスによると、公正は異なる集団間のバランスや調和を必要とし、一人ひとりを個々の本性に即して公平に扱わなければならない。すなわち、理想的な都市国家においては、賢人が規則を作る。それによってすべての市民が、公平かつ賢明に扱われる。また、勇敢で力が強い者はいざというときに軍人として貢献すべきであり、物品やサービスの提供に長けている者は社会において必要とされている仕事に人生を捧げるべきである。

　ソクラテスによると、個人はある意味で社会に似ている。個人は、自分の異なる部分がバランスよく、調和的に機能するときにうまくやっていける。古代ギリシャ人は、人間は三つの部分からなるプシュケー、あるいは魂によって生命を吹き込まれ、突き動かされる身体をもつと信じていた。それぞれのプシュケーが有する三つの部分とは、願望や要求を表現してその実現を求める欲求的部分、自己防衛や生存に不必要な要求を断念する精神的部分、欲求も肉体的活動も超越して理性により優れた判断をする合理的部分である。

　プラトンによると、その三つの部分のバランスを維持しているのがよい人間の理想であり、一般市民が三つの主要な機能をバランスよく果たしているのが彼が理想とする公正な国家であった。プラトンはしかし、生まれつきもっている気質、能力、知的才能は人それぞれであると考えた。欲求的部分が優勢な者がいれば、精神的部分や、理性的部分が優勢な者もいる。だとすると、そのような個人差をふまえ、それぞれの魂の優勢な部分を訓練することにより、バランスよく秩序が保たれた公正な社会の要求を満たす教育制度を作ればよいではないか。彼はそう考えた。欲求的魂が支配的な者は、自分や他者の要求を実現するように教育され、農民、建築者、店員、パン屋、ワイン製造者などになる。血気盛んな者は、格闘技の教育を受けて、国内の秩序の統制に献身し、国外のすべての脅威から勇敢に国を守る軍人や警察官になる。合理的魂が支配的な者は、知的で哲学的な訓練を徹底して受けることにより、賢明な立法者、分別のある裁判官、国の優れた指導者になる。このようにプラトンは、構成員を教育して社会

が円滑に機能するために必要とされる役割を果たせるようにすることにより、秩序が保たれバランスがとれた理想の社会をめざした。私たちの学校は今、社会が必要とする異なる職業ごとに人々を訓練しているだろうか。そうすることは公正なのか。今でもプラトン的な教育目的観は生きているのだろうか。

　ルソーは彼が生きた18世紀の社会の腐敗を見て、こう述べた。「万物をつくる者の手をはなれるときはすべてよいものであるが、人間の手にうつるとすべてが悪くなる。……人間はなにひとつ自然がつくったままにしておかない。人間そのものさえそうだ。人間も乗馬のように調教しなければならない。庭木みたいに、好きなようにねじまげなければならない」[3]。このようにルソーは、国家、社会、親は個人の発達や教育に対して際限なく影響を与えており、彼らが理想とする社会化された教養ある人間像に従わせようとして、その人本来の姿を奪い去っているとみなした。政治に関する主著の中では、「人間は自由に生まれるが、あらゆるところで鎖につながれている」と書いている[4]。ルソーがいう「鎖」とは、広く普及している社会慣習による束縛であり、人間を型通りに形成し、本来の自分から遠ざけるものであった。ルソーによれば、自分自身の自然に従い、本当の意味で一人の人間として自由に発達する機会は、発達の重要な時期に社会の影響から自由であることによってのみもたらされる。ルソーは『エミール』を著して、自由な男性を育てるためには、彼が考えるような理想主義的な教育が必要になると論じた[5]。エミールが12歳になるまでの初期の教育は、書物からではなく経験からの学習、すなわち、大人からではなく自然からの学習に基づいていた。ルソーの主張の基本原理からすれば、幼い子どもは自由かつ自然に発達すべきである。

　エミールには家庭教師がいたが、その家庭教師が授業をしたり聞いたりするわけではなかった。家庭教師の役割は、エミールが自由に発達できるようにし、講義しないでその発達を支援することにあった。窓を割ってはならないということをエミールが学ぶくだりはそのよい例である。ある日

3）Jean-Jacques Rousseau, *Emile* (London : J. M. Dent and Sons, 1911), p.1.（今野一雄訳『エミール（上）』岩波文庫、2007年、27頁。）
4）Jean-Jacques Rousseau, *The Social Contract and Discourses* (New York : E. P Dutton, 1914), p.5.（桑原武夫、前川貞次郎訳『社会契約論』岩波文庫、1954年、15頁。）
5）ルソーはまた、フェミニストが登場する以前に、女子にふさわしい教育に関する「ソフィー」という節を設けている。

エミールは怒りを露わにして、自分の部屋の窓を割った。家庭教師は叱責することも、修理させることもしなかった。実際のところ家庭教師は何もしなかった。その夜エミールは、寒くてほとんど眠れなかった。エミールは怒って窓を割ることはよい考えではないと思うに至った。そうした多くの「自然の授業」がエミールを教育した。その一方で彼は、形式的な授業に妨げられることなく、身体的にも精神的にも成長することが許された。

12歳以降になるとエミールは身体も感覚器官も成長し、教育は地理学と天文学を含む他の領域に向けられるが、形式的な授業はまだ行われなかった。地球や星について、経験を通して直接学んだ。家庭教師の助けを得て、社会の影響を依然として受けずに、エミールは木工を学び、自分に役立つものを自分で建てたり作ったりすることができることを知った。エミールが最初に与えられた本は、『ロビンソン・クルーソー』だった。その本から読むことを学び、クルーソーが「建てる」経験を共有した。その後エミールが14歳ぐらいになると、家庭教師は発達の自由によって今の自分や学んできたすべてがあり、そのおかげで他の人と同じ人間になれたことを理解できるようにした。人間であるということをそのように認識することによってエミールは、他者の価値に対する感覚や、他者への共感や責任という深い人間的な感情を発達させた。今やエミールは、歴史、神学、哲学について教育を受ける準備が整った。自由で責任感があり、教養ある社会の一員になる準備ができたのである。

プラトンは教育によって、バランスよく円滑に機能している公正な社会を作ることを目的とした。それにより一人ひとりが自分に合った役割を担い、社会の要求に貢献するのである。ルソーの見解では、個人のかけがえのない価値が重んじられ、個性や人間性を養うために教育における自由が要請された。教育目標を個人に置くか社会に置くかという目的をめぐるそのような対立は、かたちを変えてどの時代にもみられるものであり、今でも表面化することがある。1970年代のアメリカにおける教育目的に関する議論では、個々のニーズや相違への対応が重視された。1980年代と1990年代には、アメリカ教育に関する多くの報告書が出され、世界におけるアメリカ社会の政治的経済的生き残りをかけて、教育の高い基準や統一的で基礎的なカリキュラムの重要性を力説した。21世紀になると、学力格差の是正に焦点を絞った国家政策が登場し、高い基準とアカウンタビ

リティが新たに強調されている。教育の公正という名のもと、「一人も落ちこぼれを出さない（No Child Left Behind）」政策により、基準テストでカリキュラムに関する成果を示す責任を果たすことが学校に迫られ、公立学校の目的や、誰がカリキュラムを統制すべきかということに関する議論が巻き起こっている。

　デューイによると学校は、個人の発達を社会的要求より低くみたり、社会のバランスや調和を犠牲にして個人に自由を与えたりすることなく、その二つの目的を共に実現できる。プラトンについてデューイは、個人差や社会における協働の重要性を認識していた点では正しかったが、個人差や才能を狭くとらえて三種類しか認めなかったと批判した。民主主義における教育は、労働者、軍人、指導者といった階級の教育以上のものでなければならなかった。ルソーについては、個性の重要性や、学びにおける自由と経験の重要性を認めていたことは賞賛したが、学びの社会的次元の重要性は認めていなかったと批判した。デューイによれば、人間の生来的な能力は他者との相互作用の中で引き出されて発達するのであり、そこに人間の成長と発達の本質がある。教育に関する論考の中でデューイは、社会の善を追求する目的と、個人の善を追求する目的という一見両立しがたい目的を調和させようとした。

　デューイによると、民主主義は政治体制の単なる一形態ではなかった。それは、人々が共に生活し働く一様式であり、集団が自由に相互作用して、経験、関心、価値をできるだけ幅広く共有できるようにするものであった。民主主義はまた、個人としての成長や発達を支援し育む社会環境を提供する。デューイにとっての理想的な学校は、「胚芽的な社会的コミュニティ」という形態をとり、生徒が協同しながら活動を共にし、教師からだけではなく、相互に学び合うことを促進する。そのようにして生徒は経験に教えられながら、人間のコミュニティの一員となることも学ぶのであった。

　デューイが理想とする教育観の核心は、経験から学ぶということにあった。自由に発達する個人は、自らの経験から学ばなければならなかった。デューイはあるところで有意味な学びを、未踏の地を進む探検家が経験する学びにたとえている。そこには新しい景色の興奮がある。川と山、新種の動物、その他の興味深い発見がある。帰宅すると探検家は地図を作る。

その地図は自分が踏破した土地のおおまかなスケッチであり、彼が経験したことは除外されている。教育者は、教えようとしているある土地の「地図」を生徒に与えるが、その地図を有意味で役に立つものにする直接経験を全く与えないことが多すぎるとデューイは感じていた。進歩主義の教育者はデューイの影響を受けて、「なすことを学ぶ」や「経験から学ぶ」をスローガンとし、デューイがいう理想の教育目的を20世紀前半の50年間に実践しようとした。

経験から学ぶというこの考えは、ルソーと非常によく似ている。しかし、デューイ・スクールで生徒に与えられた自由は、ルソー的ではなかった。というのも、その自由は、真に民主的な社会の発達に益する社会生活の一形態に基礎づけられていたのである。そうすることでデューイは、価値はあるが矛盾しているとも思えるその二つの目的のバランスをとろうとした。個人にとって実り多く、意味のある教育を、理想の民主的な社会を反映させた、自由だが協同的な環境において提供したのである。

ここで少し時間をとって、プラトン、ルソー、デューイが提起した目的の本質について考えてみよう。彼らのいう目的が、算数を教えるとか、誰かにキーボードの打ち方を教えるといった目的とは違うことは明らかである。コンピュータでの文章作成や算数を教えるための決まった手続きはたしかにある。しかし、自由な個人から形成される、公正で民主的な社会を実現するという仕事は、それよりもはるかに複雑で達成しがたいものである。さらに言えば、算数を学ぶことや、有能なワープロの使い手を育てることは、達成可能な目標であるように思える一方、公正で、自由で、完全な民主的社会を実現することは、いつになっても到達し得ない目標であるように思える。ピータースであれば、理想の目的という問題の本当の「核心」は、定められた目標の達成ではなく、それに関わる手続きにあると言うだろう。彼によれば、公正、自由、民主主義などを目的とするということは、教育者として公正で、自由で、民主的な方法を実践し続けるということにほかならない。ピータースにとってそのようなことは、何らかの方法で教育する過程を通して伝達されうる価値ではないし、達成されうる目的でもない。あなたは理想の目的についてどう考えるか。教授に役立つとすればそれは、どのような働きをするか。先に進む前に、第8章の事例「自由と学習」で、そのような問題について検討してみるとよいだろう。

進歩主義のカリキュラム観と伝統主義のカリキュラム観

　20世紀前半の50年間は、進歩主義の教育者と伝統主義者の間で論争が続いた。進歩主義の教育者は、デューイやその他の進歩主義者の主張にカリキュラムの新たな思考様式を見いだした。伝統主義者は、基礎的なカリキュラムを変える必要はないと確信していた。知性に優れ、礼節のある社会を維持する個人の教育に、それが欠かせないことは自明とみなしたのである。この対立的な見解をめぐって多くの論争が起こり、とりわけ小学校の実践に大きな影響を及ぼした。カリキュラム理論全般にも今なおその影響がうかがえる。

　実際にカリキュラム理論という用語が一般に用いられるようになったのは、1920年代のアメリカにおいてであった。その当時、多くの人々が典型的なアメリカの学校のカリキュラムを様々な方法で変えようとした成果を、カリキュラム理論と呼んだのである。カリキュラムの改訂は、教育における進歩主義運動の一側面であった。「進歩主義教育」は1875年早々にアメリカでかたちを整え始め、1950年代の進歩主義教育協会の解散によって正式には終わりを告げた[6]。しかし、進歩主義と伝統主義の教育観に触発された教育改革運動はその後も続いている。1970年代のイギリスにおける幼児学校改革とそれを受けてアメリカで展開されたオープン・エデュケーションや、もう少し新しい運動としてはエッセンシャル・スクール連盟［セオドア・サイザーが1984年に設立した、主に中高における学校改革を支援する組織で、ハイスクールの調査研究から導き出された「共通原則」に基づいた改革を指導した。サイザーについては、本書巻末の文献目録に収録されている彼の著作も参照のこと］などが進歩主義の改革例である。他方、伝統的教育観は、1980年代と1990年代の「基礎に返れ（バック・トゥ・ベイシックス）」という改革に反映されている。この改革は、基準とアカウンタビリティを強調する近年の政策の先駆をなした。

　進歩主義教育運動があたかも一つの実体であるかのように語られることがあるが、進歩主義の教育者の見解は、実際には実に多様であった。ある者は科学者であり、教育実践に対するより科学的なアプローチを主張し

---

6) Lawrence A. Cremin, *The Transformation of the School* (New York: Vintage Books, 1961)

た。ある者は社会改革者であり、多くの貧しい者や虐げられている者の改善に主たる関心があった。さらには、子ども期の美や善を信じ、子どもの敏感な感情を損ねることがない学校を求める者もいた。彼らによると、厳しい管理を行った当時の学校は子どもに害を与えていた。ヨーロッパの著名な教育学者の最新の理論と実践を研究した、革新的な教育者もいた。彼らはアメリカの学校もまた、教育学の最先端を行くことを望んだ。

進歩主義者は、丸暗記、ドリル、厳格な規律、子どもの生活と無関係な大人の言葉で説明された固定的な教材の学習といった、広く普及している学校の実践を批判する点においては一致していた。しかしながら、既存の実践に対する代案を提起するとなると、様々な意見が出された。カリキュラムの改訂を例にすると、芸術と自己表現を中心とするプログラムを説く者、労働や家事のための実践的訓練を中心とするカリキュラムを重視する者、一人ひとりのニーズに合わせて個別化されたカリキュラムを力説する者などがいた。子どもたちが自分の興味や目的に基づいて、自分自身のカリキュラムを作り出すことを望む者さえいた。

このような改革者たちが、あるタイプのカリキュラムは他のカリキュラムよりも優れていることをお互いに、そして世の人々に認めさせようとしたために、カリキュラムをめぐって真剣に議論がたたかわされた。伝統的なカリキュラム実践の支持者は、改革者から批判を受けて、自分たちの主張について説明したり正当化したりしなければならなくなった。その結果、カリキュラムと目的に関する優れた見解が生み出され、改革者と伝統主義者の双方に、今日に至るまで影響を与え続けている。

進歩主義の主な見解と、進歩主義改革運動の攻撃目標とされた伝統的な見解を知ることは、教育の目的が現在どのように考えられているのかを理解する上で不可欠である。進歩主義の時代のカリキュラムに最も影響を与えた多くの論者の主張は、幸いにも一冊にまとめられている。1927年に公刊された『全米教育研究協会第26年報』[7]である。『年報』は、シカゴ大学とコロンビア大学ティーチャーズ・カレッジを中心として、その当時最盛期を迎えていたカリキュラム改造運動の中で、優れた研究者が会合を重ねた成果であった。多くの進歩主義者が触発されたジョン・デューイは寄稿していないが、『年報』の中には、デューイの著作からの引用を集めた章が設けられた。伝統的な見解も掲載されていた。それに加えて、その当

時学校を基盤としたカリキュラム革新に着手した著名人のほとんどが「協力寄稿者」として参加し、自分たちの学校の取り組みについて述べている。それは同年報第1部に、全米で行われている最新のカリキュラムに関する研究と共に掲載されている。最も注目すべきは、その実践の多様性である。第2部には、当時の優れたカリキュラム理論家の間でたたかわされた議論が集められている。注目に値するこの二冊において示された主張は、進歩主義の改革者と、それに対抗した伝統主義者を分け隔てた争点を知る上で格好の手がかりとなる。以下の引用では、その豊かな内容のごく一部を紹介する[8]。その方法として、『年報』の様々な論文から抜き出し、ある進歩主義者（progressive ［P］）がある伝統主義者（traditionalist ［T］）と話しているという想定でつなぎ合わせた対話形式をとる。

P：「正しい学びは、よりよく生きることの助けとなります。最終的に私たち（進歩主義者）が教育や学びに関心をもつ理由は、生徒がより十分に、よりよく生きられるようにすることを何にも増して望むからです。私たちの関心事は、生きることにあります」[9]。「このような観点からすると、何を教えればよいのでしょうか。（大人の）問題に対する答えではないでしょう。……私たちはそれとは違うやり方をしなければなりません」[10]。

T：私たち伝統主義者は、「学校を、未成熟から成熟へと、つまりは、幼児期に見られる相対的に非社会的な行動や思考の様式から、大人の生活に見られるより完全に社会化された思考や行動の形式へと、個人を導く社会機関とみなします。（私たちは）現在の大人の社会には、これまでで最も高度に組織された社会への適応方式があると信じて疑いません。（伝統的カリキュラムによって）成熟した個人は、最も重要な思考様式を、文明化された社会から受け取るのです」[11]。

P：しかし、「現況において最も顕著な特徴は、（伝統的）カリキュラムと

7）Harold Rugg, ed., *The Twenty-Sixth Yearbook of the National Society for the Study of Education*: Part1, "Curriculum Making Past and Present"; PartⅡ, "Foundations of Curriculum Making" (Bloomington, Ind.: Public School Publishing Co., 1927).
8）本章におけるこれ以降の著者および頁はすべて、『年報』第2部からの引用である。
9）William H. Kilpatrick, "Statement of Position," Ⅱ: 121.
10）Ibid., p.132.
11）Charles H. Judd, "Supplementary Statement," Ⅱ: 113.

アメリカにおける生活の実態の間にある巨大なギャップです。……カリキュラムと社会の間にあるその亀裂を埋めなければなりません。学校の内容は、ヴィクトリア時代から引き継いだ学問的な遺物ではなく、アメリカにおける生活そのものから構成されなければなりません。カリキュラムは子どもたちを、産業が発する轟音と堅い金属音や、高度に統合されたアメリカ企業の構造にしっかりと取り組ませ、政治的経済的生活を支えている様々な力に共感と忍耐をもって立ち向かえるようにしなければなりません。若いアメリカは、新たに台頭しつつある産業主義の文化を意識して、はっきりとものが言えるようにならなければなりません。無用な教材を学校のカリキュラムから取り除くことはできます。その代わりに1年生の時から、子どもたちの知的能力や経験に合わせて、社会的に重要な主たる問題、諸制度、生活様式などを利用したり教えたりすることができる、真っ当な方法を見つけ出さなければなりません。」[12]。

T：基礎的な教科を捨て去ることはできません。「初歩的な、あるいは"基本的な"教材の大半は、かなりの程度固定されているように思われます。基本的な言語技能と、計算や測定の基礎技能が、普通教育においては大変重要になります。文明化されたすべての国の小学校はみなそうです。普遍的な読み書き能力を通して、普遍的な啓蒙をどの程度達成するかということが、民衆の教育における第一の最も基本的な目標であることは明らかです……。」

「そのような基本的な社会的技能に加えて、文明化されたほとんどの国々においては、直接的な道徳教育……（と）、公民教育と、健康教育が強調され、社会的技能に匹敵する位置を占めています……。」

「学校で正式に教える教科としては、地理と国の歴史が、技能とはまた異なる情報という観点から、小学校のカリキュラムの土台となることも明らかです。最も初歩的な段階を超えて発達を遂げた初等教育はどこであれ、一般的にはそうなるのです……。」

「以上のような教育内容を最重要視する上で、伝統と模倣が一役買ってきたことは間違いありませんが、その内容はまた、生物学の種という観点からすれば、適者が生き残ってきた進化の過程の産物であることも疑いありません」[13]。

P：(その通りです。)「書くこととかスペリングのように割り当てて、子どもたちに（一定の範囲内で）責任をもたせることができるものもあります。しかし、そうはいかないこともあります。子どもを放課後30分間居残りさせることはできますが、その間に親切になれるようにすることはできません。正直でない子どもが明日までに正直になることを学んでくると期待して、正直を今夜の宿題として出すこともできません……。そういったことは、実際にそれが必要とされる生活経験においてのみ実践されうるのです。だとすると、私たちのカリキュラムは、そのような生活経験を含むようなものでなければなりません」[14]。

「言葉を反復し、理解していない理想を口にし、教師によって完全に組織された既製品として与えられる教材を受け入れ、採用し、使用するよう生徒に求めることが、あまりにも多すぎました。学習は、ある言い回しや公式を、意味や内容を十分に理解せずに覚えて、求められたときに取り出す能力と考えられたのです。」[15]

「だからこそカリキュラムは、学習者にとって実際の生活に最大限近い経験や試行の連続とみなされるべきです。教える教材は、生活の状況に最もうまく対応し、統制できるように学習者を発達させるという観点から、選択・組織されるべきです。……学習者がそのような経験、試行、練習などをする方法は、自立、責任感、生活における価値という観点から選択する練習などを、最大限伴うものでなければなりません。」[16]

T：自立に関していうと、「生徒は教育過程の指標とみなされるべきと言われます。興味や願望が自然に開花して、生徒を人生の目的として望まれる成熟の段階へと導くというのです。このような見方は、内なる衝動が文明化されることによって個人は発達するという前提を、全否定するものです。文明は社会的産物です。文明の発展が協同を必要としたように、文明の維持も協同を必要とします。シェイクスピアです

---

12) Harold Rugg, "Curriculum Making: Points of Emphasis," Ⅱ：149.
13) William C. Bagley, "Supplementary Statement," Ⅱ：29-40.
14) Kilpatrick, "Statement of Position," Ⅱ：122.
15) Composite Statement of the Society's Committee on Curriculum-Making, "The Foundations of Curriculum Making," Ⅱ：17.
16) Ibid., pp.18-19.

ら、英語という言語を生み出したわけではありません。英語を自分で考え出せる子どもなどいません。ゆっくりと、大変な努力を重ね、忍耐強い手厚い指導に助けられて初めて生徒は、英語が話されている環境の社会的遺産を共有するに至るのです。子どもの本性はたしかに、英語の思考様式や表現様式を受け入れる過程において発達しますが、その発達は内面からひとりでに引き起こされるわけではありません。……知識は常に、教科というまとまりの中に組織され分類されなければならないでしょう。」[17]

P：しかし、「私たちが今生きている世界は常に変化しています。これほどまでに変化が根強く、影響力をもったことはかつてありませんでした。しかもその変化は急速でしたし、将来的にはもっと速くなるのは確実です。だとすると、子どもたちは予測不能の未来に対峙することになります。これまでの教育は、過去をなぞるだけのものでした。そのような時代は終わりました。……教育は、予測不能の変わりゆく文明と対峙することを前提としなければなりません」。私たちのカリキュラムもその前提を反映させなければなりません[18]。

　これは架空の論争であるが、実在する文献からの引用であり、そう遠くない昔に強く支持されて議論された、カリキュラムと目的に関する見方の相違を浮き彫りにしている。進歩主義のカリキュラムの理論と実践が、伝統的な見解や実践と鋭く対立することが示されている。その対立は非常に大きく、顕著であることから、教育者は今なお、新しい見解や実践について、その二極との類似性という観点から理解しようとする傾向がある。ちょうどそれは政治的見解を右か左か、リベラルか保守かで理解するのと同じである。類型化することで、わかりにくい見解がいくつかあるとき、その関係がとらえやすくなる。その反面、見慣れない提案を、自分で考えて受け入れる能力の妨げとなることがある。固定観念にとらわれないようにするという前提で、以下においては、進歩主義者と伝統主義者の見方について、一般的な特徴をいくつか取り上げ、よりよく理解できるようにする。読み進めながら、あなたが受けてきた教育の中に、その二つの立場を反映しているものがないか考えてみよう。また、文化多元主義——民族、人種、ジェンダー、宗教などの多様性を含めて——の批判によって、伝統

主義者と進歩主義者の議論は時代遅れになったと考えるカリキュラムの批評家がいることも念頭においてほしい。そのような主張についてあなたはどう思うだろうか。

　進歩主義者は変化に好意的である。物事がいかにして同じ状態にとどまっているかということよりも、物事の変化の仕方に目が向く。進歩主義者にとって現在は明らかに不完全であり、改善されなければならない。私たちが現在において活動するのは、よりよい未来のためである。伝統主義者は変化に懐疑的である。私たちは何世紀にも及ぶ格闘の末に、現在の知識や文化を発達させてきた。その知識や文化には大変な価値があるから、すぐに変えたり、次の世代への伝達を偶然に委ねたりするわけにはいかないと伝統主義者は考える。よりよい未来は、過去に築き上げられた、しっかりとした土台の上に初めて築きうる。ある進歩主義者は、支配的となっている見解や実践は過去を反映しているから、時代に逆行しているとまでは言わないが、保守的になりやすいとしている。

　進歩主義者は歴史を動的にとらえる。経済、社会、政治は絶えず変化しているから、自分の考えや行動をその変化に合わせることを学ばなければならない。価値あることを過去から維持しようと思いわずらう必要はない。人間社会の出来事には計り知れない慣性が組み込まれており、私たちの遺産を守ってあまりあるからだ。「時の試練に耐えて生き残る」というが、真の進歩主義者は毎日が新しい試練であるという理解のもと、過ぎ去ったすべてのことから自由である。ちょうどそれは、森の古い巨木が若い芽によって倒されるのと同じである。伝統主義者は過去を、私たちが学び、使い、補足し、次世代に伝えなければならない価値ある遺産として、敬意と尊敬をもって取り扱う。

　進歩主義者は若者に好意的である。若者は過去の偏見に染まっておらず、支配的な見解や実践に支えられた堅固な権力に逆らう。若者は無邪気で善なるものとみなされることが多いが、年をとるにつれて偏見や悪に染まるおそれがある。伝統主義者は、大人は成熟しており、若者が学ぶべきことについて賢明な判断ができるとみなす。若者が衝動に駆られないようにするために、また、過去の英知を伝えるための土台をしっかりと固める

---

17) Judd, "Supplementary Statement," II: 114–116.
18) Kilpatrick, "Statement of Position," II: 131.

ためには、規律が必要とする。

　進歩主義者にとって自由は、規律や秩序よりも重要である。というのも、独創的な探求によってのみ、よりよい未来に向けて私たちが進むべき方向を見いだすことができるからである。今を生きる人々の現実の経験は、現在とは全く異なる過去から継承した「英知」よりも、確実な導きとなる。実験はすべての観念や行為の検証である。伝統主義者は、諸分野の学問を学ぶことにより知性が鍛えられると考える。合理性と、人間の知識の主要な形式を習得することが、自分たちの問題を解決するためには不可欠と考えるのである。人間の伝統や制度も、生活に秩序をもたらすがゆえに重要である。

　進歩主義者は、「支配的な見方」によって権威主義的に社会が統制されてしまわないように、一人ひとりが自分で考えることを学ぶべきと考える。「支配的な見方」というのは通常、権力者が好む見方であり、その権力者もやはり、伝統的な見解や実践に守られている。独創的な考えをもった、創造的な個人が育成されなければならない。そのような人間のおかげで私たちは、変わりゆく状況に、知的に適応できるようになるからである。もっというと、一人ひとりが自分の考えで行為することを奨励しなければならない。さもなければ、自分の経験ではなく堅固な伝統に支配された、無力な人間になってしまうだろう。

カリキュラム理論

　このような相違から、カリキュラム理論には、人々の強い思いが込められていることを理解することが重要である。そこで問題とされているのは、単なる学問的な関心以上のことである。カリキュラム理論は、私たち自身や私たちの世界にとって何が真理であり、また重要であるとみなすかということと密接に結びついており、私たち個人や社会や文化に深く根ざしている。何をどのように子どもたちに教えるかを決めるときに私たちは、個人的、社会的、文化的アイデンティティを表現しているのであり、それにより自分のアイデンティティを公表し、危険にさらしているのである。真理であり重要であると自分が思うことを表現するときに私たちは、他の人がそれに同意せず批判してきたり、自分で自分の信念を疑うように

なったりする危険を冒している。しかし、教育者として私たちは、そのような危険から逃れることはできない。私たちは行動しなければならないからである。カリキュラムに関わる問題について何もしないということも一つの行動であるが、その場合でも精力的に行動したときと全く同じ責任を負うことになる。

　だからこそカリキュラム理論は、研究者だけではなく、多くの人々にとって極めて論争的で重要性が高いと思われる問題に関わるのである。この点においてカリキュラム理論は、最も科学的で最も学問的な理論とは異なる。しかしそれは、人間性についてのイメージに、はからずも甚大な影響を与えてきた理論——たとえば、コペルニクスの地動説、ダーウィンの進化論、マルクスの経済理論、フロイトの心理学——と興味深い共通点がある。普通の人々は、そのような理論が真理を問うことにより、自分たちが危険にさらされているように感じてきた。カリキュラム理論についてもまさにそれと同じ感情を、それと同じ理由で抱く。カリキュラム理論は、その人にとって最も重要な問題に関わるからである。

　プラトン、ルソー、デューイが理想とする目的が私たちの指標となるべきかどうか、あるいは、教育の目的と過程に対して進歩主義と伝統主義どちらの立場を尊重すべきかということは、非常に重い問題であり、簡単には答えられない。思考し、格闘し、真剣に熟慮して、他の人と議論する必要がある。カリキュラムについてそのように考える方法こそが、本書を通して伝えたい最も基本的なことである。次に進む前に、第8章の論争「生活のための教育」や事例「労働のための学校」について検討してみるとよいだろう。次章では、どのような教育がすべての者にとって最もよい教育であるか、という問いに対する答えを概観しながら、民主的社会における一般教育の問題について検討する。

さらなる探究のために

Apple, Michael W. *Ideology and Curriculum*. New York : Routledge, 1990（1979）.（門倉正美、植村高久、宮崎充保訳『学校幻想とカリキュラム』日本エディタースクール出版部、1986年。）
　　カリキュラムの思想や実践における観念の役割に関する、ネオマルクス主義の見解。

Hirst, Paul. *Knowledge and the Curriculum*. London : Routledge and Kegan Paul, 1975.
　イギリスの哲学者が、知識の形式という概念を用いて、知性の発達という教育目的について論じている。一般教育における知的目的の優位性を説く。

Levin, Henry M. "The Gordian Knot of Educational Reform," books reviewed : *The Reformation of Canada's Schools : Breaking the Barriers to Parental Choice* by Mark Holmes ; *Schools for Sale : Why Free Market Policies Won't Improve America's Schools, and What Will* by Ernest R. House ; and *Among School Teachers : Community Autonomy and Ideology in Teachers' Work* by Joel Westheimer. *Curriculum Inquiry 32* (Winter, 2002) : 471-482.
　学校教育の目的、教師の役割、学校改革に関して、大きく見方が異なる三つの著作に対する論評。示唆に富む問いが併記されている。

Peters, R. S. "Democratic Values and Educational Aims," *Teachers College Record 80* (1979) : 463-482.
　民主主義における教育の目的は、民主主義に必要な知性の質を強調すべきというイギリスの哲学者の主張が論じられている。

Schoonmaker, Frances. "Curriculum Making, Models, Practices and Issues : A Knowledge Fetish?" *100th Yearbook of National Society for the Study of Education*. Part I, "Education Across a Century : the Centennial Volume," Lynn Corno, ed. Chicago : University of Chicago Press, 2001, pp.1-33.
　全米教育研究協会創設以来の同協会年報におけるカリキュラムの論じ方を検討し、現代への示唆を得ようとする。第26年報の独自の貢献についても言及されている。

Whitehead, Alfred North. *The Aims of Education*. New York : Macmillan, 1929. （森口兼二、橋口正夫訳『教育の目的』［ホワイトヘッド著作集第9巻］松籟社、1986年。）
　基本的で学術的な学問領域を重視する、包括的でリベラルな教育を支持し、効力のない観念や無内容な形式主義を批判する。

第3章
一般教育

　一人ひとりの人間を最も確実に、有能で責任感がある民主的社会の構成員とするのは、どのような教育だろうか。人生において直面することになるいかなる状況にも、一人ひとりが最もよく備えられるようにするのは、どのような教育だろうか。人間というのは、深みがあったり浅薄だったり、反抗的だったり従順だったり、学校に興味があったりなかったり、裕福だったり貧しかったり、女だったり男だったりする。何らかの政治的信条をもっており、その信条には、何らかの関心事があり、何らかの野心があったりなかったりするものである。人間というのは、何らかの地位に就くことを運命づけられている。その地位は、最も低い身分から権力者まで、あるいは活動型から思索型まで様々である。職業についても同じことがいえる。これこそが一般教育の問題である。その問題とは、最も妥当な共通カリキュラムを見つけ出し、そうした難しい条件を満たしながら個性を尊重し、社会の民主的な目的にも貢献するということである。

　すべての者に普通教育を何らかのかたちで提供しようとするどんな民主的社会も、この問題に直面する。子どもが生まれたばかりのとき、どのような資質をもっているのかは誰にもわからないし、開かれた民主的社会において、どのような人生を歩くことになるのかは誰にもわからない。それゆえ提供される教育は、すべての子どもたちが自由な社会に等しく参加できるようにしなければならない。自由な社会では、子どもたちの未来の可能性は一つに固定されることなく開かれているのである。それは特定のタイプの生徒を、特定の職業に就けるようにする、技術的あるいは職業的プログラムを立案するのとは全く異なる難問である。教える教科や学年に関係なく、すべての教師が直面する問題である。必ず答えを出さなければならない問題なのである。教育を受けた人や民主的な市民が身につけるべき

一般的特質とは何であり、どうすればそれを自分の教室で養うことができるのかという問いに答えなければならない。

　少しここで時間をとって、次のような問いにあなたならどのように答えるか考えてみよう。何が一般教育の目的とされるべきか。これはと思える答えが見つかったら、他の人の答えと比較してみよう。同じような答えだっただろうか、それとも全く違う答えだっただろうか。違っていたとしても驚くことはない。私たちの社会における一般教育の目標やあるべき姿については、実に多くの議論がたたかわされてきたからである。

　目的の候補としては、次のようなものを発達させることがあげられる。個人の潜在能力や才能、知性や批判的思考の技能、あらゆる仕事に求められる一般的な職業上の技能、文化的リテラシー、基礎的リテラシー（読み書き算）、歴史的・社会的・科学的知識の基礎、民主的市民としての気質や価値観、などである。

　その中のある答えが、他のどの答えよりも優れていると信じて疑わない人もいる。その場合、一般教育は、最も重要な一つの目標に力を注ぐべきとされる。たとえば、ある教師は、一人ひとりの生徒がもっている特性や才能を、最大限発達させるのが最善の一般教育であると確信している。この教師からすると、それ以外の一般教育観は、自己発達という考え方に比べればさほど重要ではなく、欠点があり、偏っていて、一面的であるように思えるだろう。自己発達という理想を胸に教職に就くということもあるかもしれない。そのような教師は、その信念に基づいて行動し、自己発達という一般教育の実現にできるだけ沿うようなかたちで、カリキュラムに関する判断をするだろう。たとえば、自分の目標や内容を決める機会を、できるだけ多く生徒に与えるだろう。また、一人ひとりの生徒と相談して、ある成績をとるために達成しなければならないことを、個別に決めるだろう。カリキュラムに関わる個々の問題に、個々の生徒の自己発達を最も促進するのは何かという尺度だけに依拠して取り組むことだろう。

　もしあなたがそのような教師であるなら、一般教育について自分が納得できる一つの見方を学びさえすればよいと思うかもしれない。だが、もし学校の中に意見が違う人が他にいて、一般教育について異なる立場をとるなら、あなたが支持するタイプの一般教育を実践する自由は制限されることになるだろう。あなたと同じぐらい強く、あなたとは異なる一般教育観

を信じている他の人——保護者、同僚の教師、職員など——と最終的には対立することになるだろう。専門家としてあなたは、そのような人たちと話し、彼らの考え方を理解し、カリキュラムに関わる問題について対話を始められるようになる必要がある。それゆえ、たとえ一般教育という問題に対する答えの中の一つが、他のどれよりも明らかに優れていると思っても、専門家である以上、意見が異なる人にもカリキュラムに関する権限を同等に認める義務がある。それでは、自分とは対立的な他の人の主張に、どう対応すればよいのだろうか。基礎を教えることを重視する一般教育観を例にして考えてみよう。

基礎を教える

　すべての生徒に必要とされる基礎的な学習とは何だろうか。圧倒的多数の人と同じようにあなたも、生きていくためというごく普通の目的からして、すべての生徒は、読む、書く、数を使うといったことができるようになる必要があると思うかもしれない。ますます複雑になっている社会で日常生活を送るためには、リテラシーが欠かせないと思う人は多い。しかし、リテラシーは読み書き以上のものであるとか、コミュニケーションをとるための多くのリテラシーがあると考える人もいる。そのような人にすればリテラシーには、マスメディア、映画、文字データや、ブログ、ネット上のリアルタイムなやりとり、フェイスブックといった、インターネットによる双方向的なオンラインでの交信の可能性などが含まれる。だとすると、それはカリキュラムに対して何を意味しているのか。教師はカリキュラムを通じて、生徒とどのように関わり合えばよいか。もしよくわからないというなら、どうすれば少しでもわかるようになるだろうか。

　人間関係こそが基礎となるべきという主張も考えられる。ひどく内気な人や過度に攻撃的な人は、たとえ読み書きができたとしても、現代社会では大きな困難を抱えながら生きざるをえない。情緒的な障がいがある子どもは効率的に学べない。あなたなら一般教育のプログラムの基礎として、人間関係の技能を取り入れるだろうか。取り入れるとするなら、その技能をどのようにして子どもたちに教育するか。取り入れないとするなら、人間関係の技能を基礎とすべきと主張する保護者や教師が学校にいたらどう

対応するか。

　政治教育や公民教育を基礎とするという主張にも説得力がある。国家という組織の保持、内紛の防止、秩序ある社会の維持などは明らかに、私たちが教育に期待するすべてのことの前提になる。政治教育や公民教育は基礎であるべきなのか。健康教育や体育はどうか。健康であることは本質的な善であり、健康であるからこそ、その他の善の追求により精力的に、より活発に取り組むことができるのである。環境に対する意識や、持続可能な未来への献身はどうか。家計のやりくりや、賢い消費者として選択するといった、実践的な経済学はどうか。職業準備はどうか。

　以上に述べたことはすべて、ある時期にアメリカの公教育の基礎とみなされたことである。その一方で、それらはどれも批判にさらされてきた。もしあなたがそのすべてを基礎として受け入れたいと思うなら、カリキュラムの内容が雑多になり混乱するし、目的が対立しているために力が分散されてしまうという批判にさらされるおそれがあることをよく考えてみてほしい。本当の基礎とは何だろうか。

これまでの歴史

　この100年間に、何が基礎であり、何が一般教育の内容や目的とされるべきかという問題に答えようとしてきた古典的な試みがある。それを概観してみよう。私たちの社会において一般教育は、小学校では、統一された幅広い総合的なカリキュラムをすべての者に提供するというかたちで行われてきた。中高では、一般教育の問題が深刻さを増している。生徒は多様化と専門化に向けて準備する。多くの生徒にとって高校が正規の教育の終点であり、教育者は高校を一般教育という仕事をやり遂げる最後の機会とみなしている。

　19世紀後半、アメリカにおける中等教育は、その種類や質が極めて多様であった。ギリシャ語、ラテン語、天文学、幾何学、その他の高度な学問的科目を教えた厳しい私立の中等学校もあれば、実用的な英語や手先の技能を教えた職業学校もあった。一流のカレッジは、高校を卒業したカレッジ志願者には、カレッジの必修科目すべてを受講するための準備が不足しているおそれがあるとした。学問をしっかりと専門的に学ぶことは、

高等教育の入試のみならず、すべてにとっての最善の教育のために重要であるとみなされた。

　1893年に全米教育協会（National Education Association : NEA）は、後に十人委員会と呼ばれる委員会を招集し、高校のカリキュラムの統一に貢献した。十人委員会は主に大学教員と私立学校の校長から構成され、当時のハーバード大学総長チャールズ・エリオットが長を務めた。同委員会は、高校のカリキュラムとして四つの標準様式、すなわち古典、ラテン語・科学、現代語、英語を、全米の高校が採用することを勧告した[1]。四つとも伝統的で学問的な科目から主に構成されていた。同委員会は大学に対して、四つの高校のカリキュラムのうちどれか一つを終えたすべての生徒を、大学で学ぶ十分な準備ができているとみなして受け入れることを勧告した。十人委員会の報告書は、実用的な教科や職業に関わる教科については何も語らず、芸術についても言及していない。古典、科学、英語、数学、社会科については詳しく論じた。十人委員会報告は標準的な課程の大枠を示し、それはすぐに基準となった。すべての者のための高校教育は、学問の教育になったのである。今でもなお、カレッジ進学を目的とするほとんどの高校のカリキュラムは、この委員会が100年以上前に出した勧告とよく似ている。

　十人委員会報告から25年後にNEAは、高校のカリキュラムについて検討するために、中等教育改造審議会を新たに立ち上げた。主に公立学校の教師や校長から構成されたこの審議会は、進歩主義教育の理念から強い影響を受けていた。『中等教育の基本原理』と呼ばれるようになる同審議会の1918年の報告書は、基礎について、生徒がカレッジで成功するために必要なことではなく、校外での生活において成功するために必要とされることや、社会がすべての生徒に学習を求めることに注目して定義した。そこで提示された七つの「基本原理」は、中等教育において基礎となるべきと考えられることを明示している。同審議会によると「主たる教育目的」は以下の通りである。

　　1. 健康

---

1) *Report of the Committee of Ten on Secondary School Studies* (Washington, D.C. : National Education Association, 1896).

2．基本的方法（読み、書き、算、口頭表現）の運用能力
3．家庭の一員にふさわしい人物
4．職業
5．市民性
6．余暇の善用
7．倫理的性格[2]

　審議会報告書は、一つひとつの教科を再検討し、これらの目的に資するように適宜改造すべきとした。それに十分に資することができていない教科はすべて削除し、他の教科、トピックス、学習テーマに代えるべきとされた。審議会報告書に続く20〜30年間にアメリカの学校は、かつてないほど多くのカリキュラムの実験に取り組んだ。プロジェクトや、英語と社会科、あるいは理科と算数・数学を結びつけた統合的な基礎教科に基づくカリキュラムや、生徒や教師が自分たちのニーズや興味を中心としてつくるカリキュラムなどが試みられた。中等教育が中学と高校に分けられたのもこの頃であり、「基本原理」はその後数十年間、総合制高校の設立に重要な影響を与えた。総合制高校は、学問教育、職業教育、一般教育のプログラムを同じ学校で提供した。
　しかし、アメリカにおける一般教育の問題が解決されたわけではなかった。1940年代半ば、ハーバード大学の研究者からなる委員会はこの問題について、『自由社会における一般教育』と題する報告書の中で次のように述べている。

　　総じて教育は、二つのことを求めている。若者が自分の力を発揮して、その人ならではの特別な役割を生活の中で果たせるようにすること、そして、市民や共通文化の継承者として、他者と共有することになる共通の社会的活動領域に若者をできるだけ適合させることである。……それゆえに、この問題はますます顕著になってきている。千の異なる運命の中の一つをめざす専門家の育成と、共通遺産の教育や共通の市民性に向けての教育の二つの正しい関係が問われているのである。……理想的なのは、学ぶのが速い者だけではなく遅い者にも、本を読むのが得意な者だけではなく手を動かすのが得意な者にも公平

でありながら、民主主義の根幹をなす人間同士の仲間意識を、各々の異なる必要性に対応しつつ養うことである[3]。

　この意識を形成するために、基礎的な一般教育が、すべての者のために提案された。その一般教育とは、人文学と社会科学・自然科学の非専門的な学習により、一人ひとりの生徒が人類の共通遺産にふれられるようにしながら、一人ひとりの生徒の能力水準にも合わせた教育であった。
　ハーバードの委員会は、20世紀半ばのアメリカ教育に認められる問題についてまず述べている。その上で、生徒の能力や興味の多様性を考慮しつつ、一般的で共通性があり、なおかつ適切に専門化された、すべての者のための教育を提供するという困難な課題を達成しうると考えられるカリキュラムについて詳述している。それはとくに驚くようなものではなく、生徒の学習課程の半分を一般教育の課程から構成するという提案であった。高校ではその半分は、英語、理科、数学それぞれ3単位（あるいはカーネギー単位［大学入学の必要条件となる中学や高校の単位で、1科目を1年間履修した場合に与えられる。カーネギー財団が定義したことからこう呼ばれる］）と、社会科2単位となった。この課程は、専門的な学習を必要としない者に対する、一般課程として教えられるべきとされた。さらにいうと、この課程と一般教育全般は、すべての将来の市民のために一定の共通知識を与えるだけではなく、特定の知的能力を養うこともめざしていた。「その能力とは、私たちの考えでは、効果的に考え、考えたことを伝え、適切に判断し、価値を見分ける能力である」[4]。最終的には、すべての生徒は自分の専門を決めて、職業にふさわしい技能を学ぶことが求められる。それにより生徒は、生産力がある市民になり、それぞれの才能や技能が十分に尊重される。

　だとすれば、教育の目的は、個人が何らかの職業すなわち技芸と、自由な市民に求められる一般的な技芸の両方において専門家となるよ

---

2) *Cardinal Principles of Secondary Education* (Washington, D.C. : U.S. Bureau of Education, Bulletin No. 35, 1918), pp.10-11.
3) The Harvard Committee, *General Education in a Free Society* (Cambridge, Mass. : Harvard University Press, 1945), pp.4, 5, 9.
4) Ibid., pp.64-65, emphasis in original.

うにすることにあるべきというのが、私たちの結論である。それゆえに、かつては異なる社会階級に別々に与えられていた二つの種類の教育は、すべての者に等しく与えられなければならない[5]。

　ハーバード報告書ではしかし、問題は解決されなかった。第二次世界大戦後から現在に至るまでに、一般教育についての批評、反動、改革が繰り返されてきたのである。「ジョニーはなぜ読めないのか」[1955年に公刊された、家庭で子どもに読み方を教える方法を説いた著作のタイトル]という問いから、「なぜ日本人は経済においてわれわれよりも優れているのか」という問いまで様々な問題に対応すべく、他にも全国委員会が立ち上げられて報告書が出され、多様なカリキュラム改革が行われることになったのである。現在でも一般教育は問題であり続けており、高い中途退学率、生徒の無気力、社会階層間の学力格差の拡大、10代のアルコールや薬物への依存、校内暴力、文化的リテラシーの欠如、多元的社会の学校における文化の単一性などはその兆候といえる。

　そのようなカリキュラムの諸問題について考える上では、人々が今その問題に関して口にしている様々な見方について、歴史的に遡ってみるとよいだろう。一つには、歴史を学ぶことにより、今現在の狭く限定された見方から抜け出すことができる。というのも、先述のような問題について現在常識となっているのとは異なる見方が示されるからである。過去において他の人たちは、それと同じような問題について、今とは異なる見方をしていたことがわかるし、その見方は、似たような状況になれば、また通用するかもしれない。いま一つには、ある見方が提起された歴史的状況を理解することにより、その見方が現状においてもなお適切であるかどうかを、今現在において問うことができる。さらにいうと、歴史を学ぶことは、先駆者が何を考え、語り、行ったかということや、その試みがどのような結果になったのかを知る上での一助となる。それにより、私たち自身の判断がいっそう洗練されるのである。カリキュラムに関して判断するということは、私たちが先人や子孫と対話し続けるということともいえる。

学校を生活と関連づける

　本章の冒頭で、一般教育とは何かという問いに対して答えを出す上であなたは、学校のプログラムを生徒の生活に対して適切なものとする必要性について考えてみただろうか。イギリスの教育者 G・H・バントックは、正規の学校教育と学校外の生活の関係について考察を深め、歴史的な観点から興味深い見方や助言を提起した[6]。

　バントックによると、19世紀に産業化の時代を迎えるまで、西洋文明は二つの文化を維持してきた。その二つとは、読み書き能力に基づく上流階級限定の「上位文化」と、口頭によるコミュニケーションの伝統にもっぱら依拠した「民俗文化」である。産業化がもたらした機械的作業は、労働者の日々の生活を貧弱なものとし、民俗文化を弱めたと彼は言う。感覚的で情動的な喜びを数えきれないくらいもたらし、民俗芸術の材料を提供してきた労働は、機械に支配された無味乾燥な仕事へと変容し、労働に潜んでいた芸術や情動は失われてしまった。農場、工場、家庭に広く見られた、人と人の有機的で、個人的で、自然な相互作用の流れが、効率的で機械的な労働組織にとって代わられた。

　19世紀末から無償で義務制の小学校によって育成された普遍的なリテラシーは、ヨーロッパ人の大多数を占める労働者階級に、上流階級の高度なリテラシー文化の初歩を押しつけ、かろうじて残っていた民俗文化を無慈悲に絶滅させた。学校で文化というと、教養ある少数派の文化、すなわち、「これまで考えられ言葉にされてきた最善」を意味した。文字をもたない口承の伝統、あるいは、かつての大衆文化を構成した文字のない芸術——踊り、歌、手芸、大衆向きの舞台芸術など——が入り込む余地はそこにはなかった。

　労働者階級の子どもたちにとって、そのような教育の結果は、彼らの周りにあって接することが唯一可能な生きた文化とはかけ離れており、上位文化へと十分に導くこともできなかった。ほんの数年の初等教育で授けられるわずかなリテラシーでは、どのような大人の共同体であっても、やり

---

5) Ibid., p.54.
6) G. H. Bantock, *Culture, Industrialization and Education* (London : Routledge and Kegan Paul, 1968) ; idem, *Dilemmas of the Curriculum* (New York : John Wiley and Sons, 1980).

がいや喜びを感じて生きていけるようにするには不十分であった。学校は抽象と頭の中だけの生活を大事にしてきたが、子どもたちが育つ本物の伝統は、じかにふれたり直接参加したりすること、つまりは感覚と感情に基づいていた。このような学校はその当時も今も、圧倒的多数を占める庶民のためにはなりえないのである。

　バントックによると、現在では、マスメディアに基づく、もう一つの大衆文化がある。それは民衆が創造するのではなくむしろ消費する文化であるがゆえに、民俗文化ではない。そうではあるが概してその文化は、読み書きを必要とせず、感覚と感情に直接的に訴えかける。そのために相変わらず学校は、高度で読み書きを必要とする文化の遺物を、家ではそれとは全く異なるマスコミ文化に基づく生活を送っている子どもの集団に与えざるをえなくなっている。「学校という場所での学習活動が示唆する世界とは、堅固で、それ以上単純化できない、現実の世界である。民衆文化の世界は、流動的な情動や願望から作られた世界であり、抜け目のない人間が、非現実的な夢を阻むのではなく与えることによって、その情動や願望を食い物にしている」[7]。バントックは、そこに現代教育の主たるジレンマを認めている。

> だとすると、人間の文化というのは、概して情動に訴えかけるものといえる。私がここで明らかにしようとしてきたのは次のことである。個人とものごとが関わり合う現実の世界をとらえようとする試みの間に、実体のない「イメージ」を立ち上げ、心から共感できなくしたり、繊細な感性を弱めたりして、情動的な現実感に背くことが多いのは、ほとんどの場合、安っぽくて低俗な文化である。言いたいのはそれだけではない。この安っぽくて低俗な文化は、情動に対する教育が十分でない環境に生きている場合には、とくに魅力的である。この文化によって、たしかに若者は学校で行われていることをある程度「手にする」が、それに多くを期待することはできない[8]。

　バントックがここで主張しているのは、一つのカリキュラムで、エリート的、つまりは文学的な文化をもつ子どもと、大衆文化をもつ子どものニーズを同時に満たすことはできない、ということである。彼によると、

伝統的な文学的・歴史的カリキュラムは前者の集団には適しているが、低い階級の子どものカリキュラムは全面的に再編される必要がある。後者の子どものための教育は、思考と感情を結びつける必要がある。直接参加、感覚、感情に対する子どもの自然な性向を利用するのである。しかし、それを利用する最終目的はあくまでも、より高度で、本格的で、洗練された方法によって、最終的にはより正しく、満足できる方法によって、現実と取り組めるようにすることにある。

バントックは情動教育のための小学校カリキュラムを提案した。芸術に関わる方法や関心がこのカリキュラムの中心となる。バントックは運動教育から始めることを主張している。運動教育において子どもたちは、規律正しく空間を動き回ると同時に、自分の感情を身体の動きを通して表現することを学ぶ。たとえば、子どもたちは、身体全体を用いて、自分の背と同じ高さの立方体の中身を一杯にして、挑戦する気持ちを表現する連続した動作を考案するように言われる。それをきっかけとして子どもたちは、劇や文学における物語や記号といった要素を学ぶ準備をするだけではなく、算数や論理のための運動感覚の基礎を発達させることができる。運動やその他の技能の学習は自ずと、劇場、映画、テレビに関わる職業へとつながり、それはまた、そのようなメディアの作品における美的判断力の基礎を生徒に与える。バントックはまた、学校は、家庭や家族の生活や、職業的・専門的な進路について教えるとき常に、学問的な学習だけではなく、直接的なふれあいや参加から始めるべきと主張する。

このようなバントックの主張は、あなたが最初に考えたときには気づかなかった一般教育観を示しているのではないだろうか。あなたは彼の提案を支持するか。支持するというなら、この教育が階級によって明確に分けられていることは問題だと思わないか。社会的移動や教育の機会均等としての民主主義の理念について、どのような示唆が得られるか。特定のリテラシーを想定しないバントックの主張は、新しいリテラシーに関する研究成果とどうすれば両立できるか。

---

7) Ibid., p.65.
8) Ibid., p.71.

一般教育の最善のカリキュラムを求めて

　ここまでみてきたように、何人もの人が何世紀にもわたって一般教育の問題について熟慮し、議論を重ねたことにより、様々な見解、提案、考え方が価値ある遺産として残されている。このような人たちやその考えについては、本書を通してさらに取り上げていく。どの論者も、入念に推論したり、証拠を整理したりして、自分の優位性を証明することに最善を尽くしている。しかし、そのような議論によって様々な主張の長所と短所は明らかになったが、論争は解決されていない。そのために教師は、カリキュラムに関する判断がしにくい状況にある。もし誰かが、21世紀の民主的で開かれた脱工業化社会の生活のための最善の準備となるカリキュラムを一つに特定できさえしていたら、教師はそのカリキュラムを採用できるだろう。一般教育の最善のカリキュラムに関して研究者の間で、ある考え方が他の考え方よりも優れているという合意が形成されていたら、教師にとって大変な助けとなることだろう。現実にはそうはなっていないのである。そうではあるが、実際によく検討してみると、一般教育の問題に対する古典的な答えの多くは、真理の萌芽をはらんでおり、それゆえに全否定することもできないように思われる。このような異なる答えは、価値や見方に関する本質的な相違を反映していると考えられる。その相違は完全に解決できるようなものでは決してなく、ここでみてきた議論の基底には、カリキュラムに対する教師の役割に関わる鋭い相違が潜んでいる。

　こうした相違に対する最も古く、今なお最も価値がある洞察の一つによると、カリキュラムの問題をめぐる意見の対立は、教育に関する三つのありふれた言葉、すなわち、生徒、社会、そして知識（あるいは教材、学習されるべきこと）のどれか一つに対する偏向を反映していると考えられる。一般教育に関するある立場は、生徒中心の教育観を反映しており、その典型が中等教育改造審議会の七つの基本原理である。ある立場は社会中心の教育観を反映しており、その典型がバントックである。また別の立場は教科中心の教育観を反映しており、その典型が十人委員会である。それぞれの教育観は、教育の状況全体のある部分を前面に押し出し、その他の部分は必然的に後退している。この三つの教育観をさらに詳しく見てみよう。

教科中心の教育観は、教育は主に、知識を次の新しい世代に伝達したり、知識を彼らに与える用意をしたりするためにあるとみなす。それはおそらく最も古い一般教育観である。この教育観に立つ人は、次のような教育目的を支持するだろう。

　　リテラシー
　　基礎技能の運用能力
　　主要教科における基礎的な事実や理論の習得
　　批判的思考
　　問題解決
　　よい学習技能と勤労習慣
　　学ぶ意欲

　教科中心の教育観の支持者は、上記の目的とは直接関係しない目的、たとえば、健康、職業教育、人格教育、社会的技能や品位の習得、個人的あるいは社会的適応といった目的には反対するであろう。そうした上記以外の目的は、一般教育の主たる機能、すなわち知識の伝達から逸脱しているとみなされる。教科中心の教育観の支持者の間で意見が分かれることもある。膨大な知識のどれが学校で使える限られた時間内で教えるべき最重要事項なのか、既存の知識の伝達と新しい知識の発見のどちらを優先するか、年少者に知識を伝える最も効果的な方法とは何か、といったことについては相違するのである。しかし、一般教育の主たる目的は、所定の知識を伝達することにあるという点においては一致している。
　教育は社会の手段であるという見解は、知識の伝達としての教育という見解と対立しない。知識を有する人が社会の福祉全般を改善するということは、これまでにもよく言われてきた。しかし、教育は、その支えとなっている社会に対して、それよりもはるかに大きな責任を担っていると考える人も多い。たとえば、古代ギリシャの都市国家スパルタは、教育を用いて人々を型にはめこみ、より大きな社会の必要性に合わせるようにした最もわかりやすい例である。スパルタ国家は、年少者の教育のあらゆる側面を管理した。幼くして親元から引き離したり、軍事訓練を強制したり、個人の行い一つひとつを厳しく規制したのである。その教育制度は軍事目

的に合わせて設計されていた。これまでの歴史を通じて多くの教育制度は、特定の個人や学校で教えることになっている知識にも影響しているが、その制度が作られた理由は、それを確立した社会の福祉の維持や改善にあった。社会中心の一般教育観を支持する者は、社会の繁栄のために最も必要なことや、それを最も効果的に提供する教育の手段に関しては意見が分かれるにせよ、教育は社会の生き残りや円滑な機能に関わるべきであるということについては一致している。

　社会中心の教育観は、アメリカ教育において、当初から重要な役割を果たしてきた。ヨーロッパとは別の国民意識をもてるようにすることが、辞書編纂者でありアメリカの教科書の先駆的執筆者であったノア・ウェブスターの主たる目的であった。著名なマクガフィー読本は事実上、初期のアメリカの学校で学ばれるすべてのことを道徳的目的と結びつけた。算数の授業では、会計、測量、機械の組み立て修理に役立つ機械学など、日常生活の問題を取り扱った。新しい国家が繁栄するために解決されるべき実践的な問題に、子どもたちが対応できるようにしたのである。19世紀には、公立学校と普通義務教育が普及して、少年非行を防ぎ、犯罪を抑制し、より生産力のある労働者を生み出す方法として推奨された。20世紀初頭には、進歩主義の教育者が教育の社会的役割を力説し、学校が学問に狭く限定されていることに徹底抗戦した。彼らは次のような目的を支持した。

　　市民の責任
　　職業準備
　　民主的な態度の発達
　　健康
　　個人的社会的適応
　　倫理的価値と行動
　　他者の福祉への関心
　　社会の批評と変革

　ここ数十年間には、社会的要求が絶え間なく学校に突きつけられている。たとえば次のようなことがあげられる。移民のアメリカ化。全体主

義、共産主義、そしてテロリズムの脅威への反撃。産業化、脱産業化された社会のための労働力の育成。グローバルな経済競争への対応。人種的、経済的、社会的集団の統合。学力格差の縮小。社会中心の教育観は明らかに今でもアメリカ教育において優勢である。

　その一方で、教育を個々の生徒の立場からとらえる者は、個人の権利、個人の才能の育成、自己成就、幸福の追求、個人の社会的・経済的・知的向上を何よりも重視する。自由がこの人たちのスローガンであり、権威主義と強制、服従と硬直から解放された教育という理想像は、何世代にもわたって教育改革者の想像力をかき立ててきた。近代教育は、自由の旗の下で格闘しているそのような改革者たちを鼓舞して、厳しすぎたところは改めてきた。厳格な規律、処罰、恐怖などは、暖かさ、思いやり、敬意などがある、より肯定的な方法に取って代わられた。外から押しつけられる学習や規律は、遊びとして始まる学校の諸活動の中で、徐々に取り入れるようにしている。堅苦しくて不快な衣服・座席・物理的設備は、より親しみやすくて心地よい環境に取って代わられた。学校は今や、子どもたちの社会化されていない衝動を抑圧するのではなく、社会的に許される方法で子どもたちが表現することを奨励している。

　生徒中心の教育観は多くの点において、現在の教育を特徴づけている。この立場の支持者は次のような目的を支持する傾向にある。

　　自己実現
　　自尊感情、情緒の安定、精神衛生
　　創造的な表現
　　個人の才能や興味を伸ばす教育
　　余暇の賢い活用
　　現代生活のための準備
　　健康と安全

　生徒中心の目的を説く者は、生きるために必要とされる基礎技能を超えた学問的な目標は、それを目標にできる才能や興味がある生徒にはよいが、すべての生徒には必要ないとみなす傾向にある。とくに学問的教科を学ぼうとする内的動機がなかったり、生徒の個人的な幸福に結びつかな

かったりする場合は、すべての生徒の目標とすべきではないとする。生徒中心の教育者は、社会で受け入れられている考えを生徒に押しつけることには否定的であり、社会は個人の利益のために存在するのであって、その逆ではないと信じている。学校は一人ひとりの生徒が、自分の潜在能力を発揮できるようにすべきである。どのようにして潜在能力を見つけるかということや、それを最もよく発達させるのはどのような教育であるかということについては意見が分かれるが、そこにこそ一般教育の主たる目的があるということについては一致している。

見方が異なることの意義

　以上のような見方は、教師がカリキュラムに関する判断をする上で、様々なかたちで役立つだろう。新しい見方を示唆することにより、教師がカリキュラムに関する問題について考え続けられるようにする。教師が自分の個人的な受け止め方を体系的に整理できるようにして、教師の根底にある信念が特定の結論を導いていることや、他の人が同意してくれない理由を理解できるようにしてくれる。

　しかし、自分自身の見方をはっきりと意識するだけでは、特定の状況においてどうすべきかを教師が判断するには不十分である。ここまでみてきたように、相容れないように思える考えはどれも、教師の理解を助ける可能性がある。よい一般教育とは、ここで述べてきた三つの見方すべての目的の多くを達成できる教育であることはたしかである。生徒中心の教育を最も強く支持する者であっても、社会の崩壊が生徒に被害を与えるということには同意するだろう。彼らはただ、そのような崩壊が起こる可能性は低いし、教育によって個々の生徒を育てることで崩壊を未然に防げると考えるのである。しかし、戦争や大きな社会暴動のような極限状況においては、生徒中心の立場をとる多くの者も、社会中心の見方の重要性を認めるだろう。同様に、社会中心や生徒中心の支持者のほとんどは、差し迫った状況下においては、知識の伝達が社会と個人の福祉には重要な要因であることを認めるだろう。そのように三つの教育観は、基本的には矛盾しないと考えられる。

　一般教育は、生徒にとっても、社会にとっても、知識にとっても重要で

あり、いずれか一つの要素がひどく疎かにされると、教育は損なわれ、その三つの要素すべてが阻害される。状況が変わると、いずれかの見方が強調される。そうすると、疎かにされた要素の優位性を確信している者がまず問題を指摘し、改善しようとするだろう。問題となるのは目標や見方の優先順位やバランスであって、どの目標や見方も何らかの重要な役割を果たしているのである。

　だとすれば、教師は、見方だけではなく、複数の考え方をうまく扱って、様々な実践的な決断に、厳正かつ公平に適用する技能を身につける必要がある。一つの見方を選び取り、それを一貫して活用することだけでも難しいというのに、教師はいくつかの異なる見方を活用しなければならいし、その対立的な関係をなんとか調停しなければならない。どうすればそのようなことができるのだろうか。いくつかの全く異なる一般教育観の価値を認めるためには、一つの最善の考え方を見つけるという発想を転換しなければならない。そのためには、より複雑で、思慮深く、洗練された思考過程が要求される。カリキュラムについて賢い決断をするために教師は、それぞれの立場を理解し、時と場合によって異なるその意味について熟慮しなければならないだろう。一つの真の答えを求め、それ以外はすべて誤りとするのではなく、いくつかの観点からよかれと思うカリキュラムに関する決断を試みる必要がある。また、自分が置かれている状況の諸条件をふまえて、どれが最適かよく考える必要がある。

　ここで必要とされている新しい推論は、次のように換言できる。カリキュラムの問題について考える上で教師がめざすべきは、カリキュラムの原理について正しい一般的な結論を導き出すことではなく、第1章で提案したように、個々のカリキュラム案について、十分に熟慮を重ねて公平な決断をする、ということである。教師は、生徒中心、社会中心、知識中心を含むいくつかの適当な見方に基づいてどうすべきか考え抜き、自分自身も含めたすべての関係者が最重要視することを実現する方法を探求するのである。競合する目的の中から選ばなければならない場合、どんな教師でもできる最大限のことは、一つひとつの決断の長所と短所を明確にして、ほかならぬその目的を選んだ理由を説明することである。

　カリキュラムについて十分かつ公平に熟慮して決断しようとすることは、これまで以上に知的であることが求められるだけではない。それはま

た教師に、よりいっそう倫理的かつ道徳的であることを求める。教師は自分自身の信念や基準をあきらめることなく、異なる見方に寛容な態度を身につけて実践する必要がある。論争の渦中にあって、冷静かつ公明正大であることが求められる。議論の最中に、他の人の経験や相反する証拠に配慮しながら、自らの信念や好みについて進んで再検討することが求められるのである。難しいことだが、それこそがカリキュラムに関わる問題について私たちが望みうる最善のことであり、そのような最も高い基準を行動に移すことは容易ではないのである。

　以下の章では、カリキュラムに関わる議論において重要とされてきた見解について学びながら、その見解をある仮定の状況に応用する技能を磨くことができるようにする。カリキュラムについて十分かつ公平に熟慮して自分自身で決断するという理想を実現しようとすることが、知的にも道徳的にも必要とされていることを、他の人との話し合いを通して、よりよく理解できるようになってほしい。

　先に進む前に、第8章の「個人差と機会均等」、「大衆文化か上流階級の文化か」などの論争について考えてみるとよいだろう。「凧あげに行こう」という事例では、クラスで行う同じプロジェクトについて、三人の教師が実際に行った異なる取り組みを検討することにより、カリキュラム観について探求することができる。

さらなる探究のために

Bellack, Arno A. "History of Curriculum Thought and Practice," *Review of Educational Research*, 39 (1967) : 283-292.
　　著名なカリキュラム研究者であり教育研究者である著者が、アメリカにおけるカリキュラムをめぐる考察の根源を探りながら、なぜ実践は最新のカリキュラムに関する考察や研究にほとんど関わりがないままであるのかということを論じている。

Caro, N. *Whale Rider* [Film]. USA : Columbia TriStar Home Entertainment, 2003. (『クジラの島の少女』)
　　捕鯨をなりわいとする村の学校教育を対象とする映画。カリキュラムだけではなく学校は誰のためにあるべきかということに関する伝統的な考えに対して、現実的な必要性からどのようにして異議が唱えられているのかを描く。

Cremin, Lawrence A. *The Transformation of the School*. New York : Alfred A. Knopf, 1961.
　　アメリカにおける最も徹底したカリキュラム改革の試みである進歩主義教育の歴

史。アメリカ特有の教育実践のパターンを理解する上で重要である。

Flinders, David. J., and Thornton, Steven. J., eds. *The Curriculum Studies Reader* (2nd ed.). New York : Routledge, 2004.

 カリキュラムに関する重要な論考を収録しており、カリキュラムという領域の歴史を網羅し、様々な見解を提示している。

Kliebard, Herbert. *The Struggle for the American Curriculum, 1893-1958*. London : Routledge and Kegan Paul, 1987.

 20世紀のアメリカにおけるカリキュラム改革史。進歩主義者と総称される様々なタイプの改革者間の格闘が取り上げられている。

Kridel, Craig, and Bullough, Robert V. Jr. *Stories of the Eight-Year Study : Rethinking Schooling in America*. Albany : SUNY Press, 2007.

 八年研究［アメリカのハイスクールで1933年から8年間にわたって行われた、進歩主義教育の効果を検証する実験研究。教科ではなく社会生活に基づくカリキュラムで学んだ生徒の大学進学後の成績や活動を追跡調査した。］を取り巻く社会的文脈について、当時の教育の指導者の話を通して考察し、進歩主義教育や、その効果について詳細に記録しようとした教育的実験に関する一つの見解を提起している。

Seguel, M. L. *The Curriculum Field : Its Formative Years*. New York : Teachers College Press, 1966.

 ジョン・デューイやフランクリン・ボビットといった、カリキュラムという研究領域における初期の主要人物の研究について論じた古典的研究。

Summerhill School Website. www.summerhillschool.co.uk/

 進歩主義教育におけるA・S・ニイルの不朽の実験を、生成的カリキュラム・モデルの活用に関心がある教師だけではなく、学校における進歩主義の史的解釈に関心がある人にも役立つようなかたちで紹介している。

Tyack, David. *The One Best System*. Cambridge, MA : Harvard University Press, 1974.

 アメリカ学校教育史をたどることにより、歴史の大半は最善の方法を見つけようとすることに費やされてきたが、それによって学校の持続的な進歩が妨げられてきたことを論じている。

Wiseman, F. (Writer). *High School* ［Film］. Boston : Zipporah Films, 1968.

 1960年代の高校を、ワイズマンの視点から描いたアメリカの古典的映画。その当時論争を呼び、今でも『高校』というウェブサイトによって、この映画が提起した問題に関する論争が継続されている。

Zimmerman, J. "Storm Over the Schoolhouse : Exploring Popular Influences Upon the American Curriculum, 1890-1941," *Teachers College Record*, 100 (3), 1999 : 602-626.

 20世紀初頭からすでに、様々な市民グループがカリキュラムの内容に影響を与えてきたことや、その影響によって第二次世界大戦前までには、伝統的なカリキュラムがより実践的で差別的なカリキュラムに取って代わられたことを明らかにしている。

第4章
カリキュラム現象の概念化

　これまでの章では、何が教育の目的となるべきか、また、一般教育はどうあるべきかという、明白な二つの問いを提起した。ここからは、その二つほど明白ではないが、教師がカリキュラムに関わる問題について考えるために重要ないくつかの問いを提起する。知識とは何か。教え学ぶことができるものとは何か。教科の一覧表を作成することが、カリキュラムを概念化する唯一の、あるいは最善の方法なのか。教師やカリキュラム立案者がカリキュラムを構成する内容について考えるためには、どのような方法が有効なのか。本章ではそのような問いについて考察しながら、教えるという側面と、計画するという側面の両面からカリキュラムについて明らかにする。

　ここでいう概念化とは、何かについて考えたり話したりする方法を編み出すということを意味する。そこには、区別する、定義する、名づける、重要な特徴を指摘する、といったことが含まれる。適切な概念化は、現象と名が付くものなら何であれ理解する上で大変有益である。たとえば、熱や温度という現象の概念化は、フロギストンという重さのない液体状の成分が、暑さ寒さをある場所から他の場所へと運ぶという仮説に基づいていた。そのために、熱が重要な役割を果たす科学の多くの領域で進歩が遅れた。その現象がそれまでとは異なり、運動や分子といった観点から理解されるようになると、研究の速度が早まった。

　心理学においては、三つの基本的な要素——イド、自我、超自我——からなるフロイトの人格概念によって、ある種の問題を問題として問い、これまではどうしても解明できなかったある心理学的現象を説明できるようになった。フロイトの概念はまた、ある種の精神疾患を扱うことを可能にした。カリキュラムに関する問題について考えたり話したりするには、通

常の言語や常識があれば十分である。しかし、本章でみるように、カリキュラムという現象を、一定の手続きを踏んで、より明確に概念化することが有益な場合もある。

　本章で論じることの最もよい例となり、また、教え学ばれるものとは何かという概念的な問いに対する最も有益な答えの一例を紹介しよう。20世紀半ばに知識概念について分析した哲学者ギルバート・ライルの見解である[1]。ライルは、あることを行う方法を知っていることと、かくかくしかじかであるという内容を知っていることの間には、重要な相違があることを明らかにした。コロンブスがアメリカを発見したという内容、あるいは、$F=MA$［ニュートン力学における運動の第2法則、F＝物体に働く力、M＝物体の質量、A＝物体の加速度］であるという内容は、それを教えてもらったり読んだりすれば、公平に、また直接的に学ぶことができる。学校で私たちは、そのような情報や知識の大部分を、そうした直接的な方法で獲得する。しかし、私たちは、読み方や科学的実験のやり方のような技能も学んでいる。その技能を身につけるためには、長い時間をかけて実践を積み重ねる必要がある。事実や公式の学習にそれは不要である。言葉からなる知識は有用であるが、技能の知識とは異なる。ところが、しばしばその二つを教師は混同する。科学的方法の手順を言葉で学び、テストで再現することによって、実験をうまく行えるわけではない。ちょうどそれは、水泳について書かれた本に関するテストで100点をとっても、泳げない人が水に浮かび続けられる保証はないのと同じである。芸術や文学に関するある事実を学んでも、芸術や文学を分析したり理解したりするために必要な技能を学んだことには必ずしもならないのである。

　他方、子どもがある種の技能を、それが何であるのかを理解しなくても模倣できることはよく知られている。10代の子が、シェイクスピアの『真夏の夜の夢』の比喩的描写について、正確な分析を形式的には口にすることができたとしても、その人間的な重要性については漠然と気づいているにすぎない。賢い小学生は、ある科学的問題に答えるための実験を計画することはできるが、科学について知っていることが少ないのでよい質問をすることはできないし、どの問題がすでに答えられているのかもわからない。

　重要なのは、方法を知っていること（knowing how）が、内容を知ってい

ること（knowing that）よりも良いとか悪いとかということではない。知り方や、所与の状況に適した学習がどのくらい必要になるかを区別することが重要になるのである。二種類の学習を概念化することにより、その二つを区別することが可能になり、それによって多くの有益な教育学的な問題を問うたり答えたりすることができるようになる。カリキュラム現象の有効な概念化の事例は他にも数多くあるが、ここではこの例によって本章のねらいが確認できれば十分である。教え学ばれることをどのように理解するかということは、カリキュラムをどのように組織するかということや、何を目的とするかということと関連してはいるが異なる。カリキュラムの中身を、事実であると同時に、学ばれるべき技能でもあるとみなすことによって初めて、教師としてなすべきことがわかるのである。あなたが教えることになる、最も基礎的な（あるいは最も難しい）トピックスを思い出してみよう。方法を知っていることと内容を知っていることの違いという観点から考えてみると、そのようなトピックスの教え方についていかなる示唆が得られるだろうか。

知識の使用

『アメリカ中等教育における民主主義と卓越性』において、ブラウディ、スミス、バーネットは、学校で学ばれていることについて興味深い考え方を提示している[2]。彼らの主たる関心は、学習者は学校で学んだことを生活の中でどのように用いているかということにあった。彼らは学校における学習の使用を四つに分け、「反復的」、「連合的」、「応用的」、「解釈的」と呼んだ。ブラウディ、スミス、バーネットによると、学んだことは状況が整っていれば繰り返し使用することができる。その場合、知識は反復的に使用される。私たちは必要なときまで$5 \times 6 = 30$であることを覚えている。それはちょうど読み方や書き方を「覚えている」ことや、楽器の名前や音色を問われて思い出すことと同じである。私たちは学んだ知

---

1) Gilbert Ryle, *The Concept of Mind* (New York : Barnes and Noble, 1949). （坂本百大、宮下治子、服部裕幸訳『心の概念』みすず書房、1987年。）
2) Harry S. Broudy, B. Othanel Smith, and Joe R. Burnett, *Democracy and Excellence in American Secondary Education* (Chicago : Rand McNally, 1963), ch. 3 passim. 本章の趣旨に合わせるために、学校における学びの使用に関する彼らの議論に若干手を加えた。

識や技能を反復することができるのである。知識の大半はこのように使用されており、学校における教授の大半が直接めざしているのは、知識を反復できるようにすることである。

しかし、学校では間接的に学ばれていることがあるし、時に生徒は学校で学んだことを連合的に使用する。あるコンサートについて友人に話す際、作曲家、楽器、歴史、音楽の形式などについて学んだことを思いつくままに結びつけるのであり、学校で教えられたり学んだりした通りに話すわけではない。学校ではそれとは別の連合も形成されている。いじわるで、厳しくて、冷たいクラシック音楽の教師に教わった結果、クラシック音楽を不快と連合させるようになることがある。以前に学んだことを新しいことに結びつけるときにも、学習は連合的に使用される。化学反応に関する知識を新薬に関するニュースと連合させたり、シェイクスピアの知識をテレビのホームコメディのエピソードと結びつけたりするのである。それはいくつかの知識を使用する際に結びつけるということであり、単なる反復ではない。

知識はまた応用的にも使用されうる。問題に答える（反復）ためでも、他のことと結びつける（連合）ためでもなく、問題解決に使用するために知識が想起されるのである。知識の応用的使用については、技術者の仕事がよい例となる。技術者は新しい問題を解決するために、専門的な知識や技術を使用する。知識を応用するためには、知っていることと、達成したいと思うことの結びつきを理解する必要がある。反復したり連合したりすることは、応用することよりもはるかに容易である。応用は、高い知性に加えて、ある程度の創造性や柔軟性も必要とする。知識の応用を教えるためにも、特別な何かが必要になるのは言うまでもない。あなたが教師だったらどのようにそれを教えるだろうか。

知識を解釈的に使用することは、ある意味では知識を応用することである。しかし、解釈的に使用する場合、知識は問題を解決したり問いに答えたりするのではなく、状況を理解するために使用される。解釈する上では、知識を限定的あるいは直接的に応用する必要は必ずしもない。知識は出発点として、つまり、あることを分類し、組織化し、理解する一様式として使用される。たとえば、私たちは独立革命の詳細についてはほとんど忘れてしまうが、抑圧に対するその反乱に関する一般的な知識を用いて、

現在他の国で起こっている反逆について理解することはできる。反復しやすい知識を使用することもある。たとえば、ある人の夢を解釈するために、フロイトの夢判断を用いる。ある意味で知識はすべて解釈的である。知識は世界を理解するのに役立つ。そうではあるが、解釈的に使用できる知識とはおそらく、私たちにとって有意味な知識だけである。以上の見解についてあなたはどう思うか。この四つの知識観が学校で使用されている具体例を思いつくだろうか。生活における具体例についてはどうか。学校と生活は相互に重なったり、関わったりするのだろうか。それはカリキュラム現象の有益な概念化といえるだろうか。

ベンジャミン・ブルームとその協力者もやはり、知識はどのように使用されており、その使用からすると高度な次元における学習の習得はいかに説明できるかという観点から『教育目標の分類学(タキソノミー)』を著した[3]。彼らの概念化によって、教師や、カリキュラムあるいは測定の専門家は、異なるレベルの認知目標を、より組織的に目標としたり、教授したり、テストしたりすることができるようになった。以下に述べるように、それは知識の使用に関する上述の枠組みと対応している点や類似点がある。しかし、ここでの考察でそれよりも重要なのは、認知的領域におけるカリキュラム現象の概念化は、極めて高度に合理化され、めざすべき目的を理解する方法が、十分すぎるほどに精緻化される可能性があるということである。

分類学は、高位から下位までの六つの主要なレベルからなる。それぞれのレベルは、その一つ下のレベルよりも複雑で抽象的な精神的操作や知識の使用に関わるとされる。第1のレベルは、単純に「知識」と呼ばれ、先に見た「反復」というカテゴリーに近いレベルであり、事実、カテゴリー、方法、理論など、後にいくほどだんだんと難しくなることを記憶して、思い出す必要がある目標を含んでいる。第2のレベルは「理解」であり、関係性を把握して、全体の意味を明らかにすることを生徒に求める。先に見た連合や解釈というカテゴリーとは似て非なるものである。このカテゴリーに当てはまるタイプの知的活動には、翻訳、解釈、推定などがある。たとえば、テストにおける典型的な理解の目標としては、ある節を言い換えさせる、その節から直接解答できないが推測可能な問いを出す、と

---

[3] Benjamin S. Bloom, J. Thomas Hastings, and George F. Madaus, *Taxonomy of Educational Objectives : Handbook* I, *The Cognitive Domain* (New York : David McKay, 1956).

いったことがあげられる。想起とか連合よりも高度な知的機能が要求される。

　分類学の第3のレベルは「応用」であり、これはブラウディ、スミス、バーネットが同じく「応用」と名づけたカテゴリーに類似している。ある概念や原理を、新しくて見慣れない状況に応用するというかたちで使用することが生徒には求められる。応用される項目は記憶しなければならないし、それを応用する新しい文脈について生徒は理解しなければならないので、応用は一般的に、知識と理解という、このレベル以前のレベルを含んでいる。

　第4と第5のレベルは「分析」と「総合」である。それは認知的な作業や反応を含んでおり、生徒は複雑な観念を、その構成要素、関係、原理へと論理的に分解しなければならない。あるいは、逆にそうした一連の構成因から一つのものを作り上げなければならない。作り上げたものとしては、議論、理論、さらには関連づけられた一連の観念などが考えられる。分析の使用例としては、歴史を学んでいる生徒が第一次世界大戦の原因を解きほぐして、経済的、政治的、社会学的要因に分解することがあげられる。総合の例としては、いくつかの観念を一つにまとめて、戦争の一般的な原因についての統一見解を出すことがあげられる。

　第6の最も高いレベルは「評価」である。このレベルは、所与の複雑な実体が、適切な尺度や証拠の基準をどの程度満たしているかということを、質的にあるいは量的に判断する必要がある目標から構成される。先の歴史を例とするなら、ある生徒が行った戦争の原因に関する総合を別の生徒が、説明の範囲、妥当性、裏付けとなる証拠、一貫性、その他の尺度に基づいて、批判的に検討する場合に評価が用いられる。判断は、分類学の中でも、認知領域における最も高度な知的活動である。

　分類学は、情意的領域と精神運動的領域におけるレベルも考慮しながら、多様なレベルすべてが適切な比率でカリキュラムに体現されているかどうかを判断するために用いられる。それはまたカリキュラム開発において、適切なバランスがとれた計画とするためにも用いられる。すなわち、実践においては、教室や学校でバランスが保たれるようにするために用いられ、評価においては、十分な量のテスト項目を開発するために用いられるのである。

このような学習の概念化に対する批判者は、元来非合理的な過程を合理化しすぎであり、測定が偏重されることになったとする。あなたはどう思うか。

教授過程の概念化

　知識とその使用を、カリキュラム現象を概念化するための一様式とみなすことは、何が教えられているかということや、知識とは何かということについて考える方法を明らかにする上で大変役立つはずである。しかし、ある意味でそれは、カリキュラムの静的な要素しか考慮していない。生徒がカリキュラムや教授との相互作用に費やす時間の力学も理論家の関心事となっている。それは教師にとっても考えるに値する。学校教育を受ける何年にも及ぶ時間の中で、生徒には様々なことが起こる。生徒がこなすカリキュラムの単元とトピックスや教科と活動には、様々な始まりと終わりがある。教育は時間的で動的な過程である。どうすればその過程を概念化することができるのだろうか。

　アルフレッド・ノース・ホワイトヘッドは、教育のリズムという概念によって、まさにそれを概念化しようとした[4]。ホワイトヘッドは学校を、「不活性知識」を生み出す方法で生徒に教えていると批判した。不活性知識とは、生活との結びつきや対応関係が全くない知識であり、生徒にとってほとんど意味がない知識である。彼によると知識は、百科事典のように集積されるのではなく、有意味なものとして導入されなければならないし、生徒によって徹底的に学習され、また熟慮されなければならない。教育のリズムという彼の概念は、そのような百科全書的な教育に修正を迫るものとみなすことができる。それは教科、単元、授業などを教える際に応用できるし、初等、中等、高等といった教育段階を超えて応用できる。

　ホワイトヘッドは、「ロマンス」、「精緻化」、「一般化」という用語を用いて教育のリズムの特徴を明らかにしようとした。彼によると、どのような内容であっても、まずはロマンティックな方法で取りかかるべきである。ロマンティックな方法とは、存在に興奮し、魅力に刺激され、それと

---

4) Alfred North Whitehead, *The Aims of Education* (New York : Macmillan, 1929), ch.2.（森口兼二、橋口正夫訳『教育の目的』［ホワイトヘッド著作集第9巻］松籟社、1986年、第2章。）

共にあることを楽しむ方法である。それゆえに、たとえば子どもたちは歴史や科学に、授業によってではなく、過去の出来事に関する面白い物語を与えられたり、自然の道理の解明に惹きつけられたりすることによって導かれるべきである。それにより内容が生き生きとし、現実的になり、生徒にとって刺激的で、時間をかけて関係を築く努力をする価値があるものになる。その内容についてよりよく知り、詳しく学ぶ段階が精緻化である。ロマンティックな興味は、内容を詳しく学ぼうと一生懸命になるために必要な自己鍛錬の原動力となる。その内容を多く身につけると、全体的な見方ができる準備が整い、一般化が可能になる。ロマンスの段階と同じような興奮や喜びの一部が、この一般化の活動には見られる。この段階では、内容に親近感を覚えるようになる。それについてよく知っており理解もしているからである。細部を身につけることにより、全体が理解できるようになる。

　教育過程や、個人がその過程を本当に楽しむことに関するこのような比喩的な説明は、ある内容——歴史であれガーデニングであれ、科学であれ野球であれ、文学、料理、計算であれ——について本当にその価値を認識し、理解することができるようになったことがある人にはよくわかるだろう。ホワイトヘッドは、ロマンス、精緻化、一般化のリズミカルなサイクルが、教育過程を通して繰り返される必要があるとした。一つの授業、あるいは一つの単元（あるいはその両方）は、ロマンスを感じながらそこに含まれるトピックに取り組むことから始められるべきである。次いでそのトピックを理解するために必要な精緻化をめざし、最後にはその中にある一般的な関係を理解できるようにするのである。学校の教育過程全体を、そのような観点からとらえることもできるだろう。小学校はロマンスの段階、中等教育は精緻化の段階、そしてカレッジや大学の学習は一般化の段階である。

　教育過程に関するホワイトヘッドの概念化は、教えられるべき内容にも知識にも言及していないが、教授とカリキュラムが生徒に与える影響について熟慮することを強く求める。ジョン・デューイもやはり、『子どもとカリキュラム』という小論において、その関係をとらえるのに有益な概念化を提示しようとしている[5]。彼はまず、伝統主義の教育者と進歩主義の教育者の対立を指摘するところから始める。前者は伝統的教材の重要性を

強調し、後者は生徒の興味やニーズをこれまでよりも大事にすべきとする。子どもとカリキュラムのどちらが重要なのか。デューイは賢明にも、両方と答えている。カリキュラムには伝統的知識が含まれている。しかし、カリキュラムというものは、教え―学ぶ過程から切り離された何かではなく、学習者に関わる知識とみなされなければならない。教育する上で重要になるのは、学習者の興味やニーズを大切にしながら、子どもが伝統的知識と有意味な関わりがもてるようにすることである。では、どうすればそれは実現できるのだろうか。

デューイは、先に第2章で見た探検家と地図の類比を用いて解決策を示している。再確認すると、デューイによれば、探検家は子どものように未知の土地に入っていく。探検家は、水路、山脈、砂漠を発見し、その雄大さや美しさに感嘆する。飢えや渇きに苦しむ。見知らぬ慣習をもつ見知らぬ人々に、助けられることもあれば、脅かされることもある。旅が終わると、踏破した土地の地図を作る。砂漠、山脈、水路、部族の領地の名前など、すべてを適切な場所に書き入れる。二次元の表面に記されているのは、線と言葉である。その探検家の豊かな経験はそこにはない。

地図作りに関わる経験を欠いた「地図」を、私たちはどれほど子どもたちに与えているだろうかとデューイは問う。地図は旅行者にはもちろん役立つが、今後旅をする予定のない土地の地図を学ぶことに、何の意味があるのだろうか。地図の使用や作成において意味があり、また知識に意味を与えるのは、旅をする経験にほかならない。一人ひとりの子どもが探検家のように、ある教科領域における経験から、自分にとって有意味な地図を創造することはできる。しかし、デューイによると、そのような経験は、すでにその土地について知っている教師によって、入念に立案され、適切に指導される必要がある。

デューイは、「論理的」と「心理的」という用語を用いて、教師や学習者との関わりという観点から、教材というものを概念化している。教材の論理的側面とは、教材の組織と形式のことである。現地での探検や探求の成果である地図のようなものであり、抽象的で、一般化を伴い、関係を示すことが多い。教材の論理的形式はまた、訪問地に関する特定の情報を含

---

5) John Dewey, *The Child and the Curriculum* (Chicago : University of Chicago Press, 1902). (市村尚久訳『学校と社会・子どもとカリキュラム』講談社学術文庫、1998年。)

み、分類する。教師は生徒がその論理を少しでも把握できるように導こうとする。それはホワイトヘッドがいうところの、一般化の段階と似ている。

　教材の心理的側面とは、学習者が教材を経験することである。それは探検家の旅に似ている。道すがら様々なことを見たりメモをとったり、その場所に対して何らかの感情をもったり、万事うまくいって地図の一部が描けるようになったりするのである。デューイは、生徒が教材についてそのような経験をすることが重要だと考えていた。それゆえに彼は、論理的組織を心理化する立場にある教師は、教材の重要な側面について、有意味な経験を引き出す環境を学習者に提供すべきとしている。それによって、学習者の経験レベルに合った、その教材と関わる論理的組織と構造を示唆するのである。そうすることにより、学習は心理的なものから論理的なものへと展開され、子どもはカリキュラムの一部となり、カリキュラムは子どもの一部となる。先に進む前に、第8章の事例「個別化された学習」を検討してみるとよいだろう。

教科の構造

　もう少し後になると、ジェローム・ブルーナーが、教材、カリキュラム、教授について同様の概念化を行った。ブルーナーによると、「（知識の）最先端にいる人も、自分自身にとっての最先端にいる幼い生徒も、理解しようとしている点において相違はない」[6]。さらにいうと、「どの教科であってもその基礎は、どの年齢の人にでも、何らかのかたちで教えうる」[7]。どうすればそれが可能になるのかを理解する上で重要になるのは、すべての教科には、基礎的な構造、基礎となる組織原理、基本的な観念、関係があるというブルーナーの主張である。そうだとすれば、どの領域であれその構造を習得することが、その領域を理解する上で重要になる。カリキュラムの教材や教授は、自分で教科の構造を発見する必要があることを生徒に提供するというやり方で組織しうる、とブルーナーは考えていた。デューイがいう探検家や地図の作成者と全く同様に、どの年齢の人でも、適切な材料と教師の指導があれば、教材に関するある経験の主たる特徴を正確に述べることができる、というのである。構造の「地図」

は、生徒が成熟して現地を再訪することで、より精緻で充実したものになる。ブルーナーは、そのように一定の期間をおいて教科に立ち返り、その教科の構造を拠り所として、時間をかけて理解を深めながら活動するということを提案するために、「らせん型カリキュラム」というイメージを用いた。教科には固定的な構造が本当にあるのか、また、すべての発達段階の生徒が本当に最先端を行く学者と同じように考えられるのかということについては、疑問視する声も多い。そうではあるが、ブルーナーが概念化した構造化された教材は、ホワイトヘッドによる一般化の段階や、デューイによる教材の論理的形式と似ている。そのどれもが、教科の事実を一つにまとめている基礎的な観念と関係のネットワークを、生徒が発見して理解するように教師が導く方法を示しているのである。

有意味な学習経験

ここまでのところで取り上げてきたカリキュラムという現象の見方は、どちらかといえば伝統的であり、伝統的なカリキュラムの中に組織化された知識に焦点をあててきた。カリキュラムという現象は、言葉からなる知識、事実と技能、反復的、連合的、応用的、解釈的、ロマンティック、精緻化、一般化、心理化、発見的、「地図化」、構造化といった概念でとらえられていたのである。進歩主義者の中には、教えられたり学ばれたりすべきことについて、伝統主義に近い立場をとる者もいた。

大人の世界で日々生活を送るために、多くの人が知る必要があることとは何だろうか。歴史、芸術、物理学、科学、伝統的教科のいずれかを習得することでは決してないだろう。そういったことよりも、他の人とうまくやっていける、職場や家庭で求められる仕事をこなす、健康を維持する、問題を解決する、余暇を楽しむといったことが求められるであろう。さらにいうと、学びが適切に行われ、有意味な結果となるかどうかを決するのが生徒の経験であるなら、カリキュラムというものを教科ではなく経験それ自体とみなせばよいのではないか。このような主張は、知識の構造では

---

6) Jerome S. Bruner, *On Knowing* (Cambridge, Mass.: Harvard University Press, 1962), p.126.（橋爪貞雄訳『直観・創造・学習』黎明書房、1969年、195頁。）

7) Jerome S. Bruner, *The Process of Education* (Cambridge, Mass.: Harvard University Press, 1963), p.12.（鈴木祥蔵、佐藤三郎訳『教育の過程』岩波書店、1985年［新装版］、15-16頁。）

なく、価値ある学習経験の質の構造に注目し、生活において役立つことを重視したものといえる。これこそがまさに、ウィリアム・ハード・キルパトリックが、彼の苦心作であるプロジェクト・メソッドにおいて実現しようとしたことである。

「プロジェクト・メソッド」は『ティーチャーズ・カレッジ・レコード』誌に掲載された論文で、1918年にキルパトリックによって著された。教授とカリキュラムに関するキルパトリックの理論が論じられており、20世紀初頭の進歩主義教育運動の特質や原理を体現している[8]。キルパトリックはプロジェクト・メソッドの特徴を、心からの活動、学習の法則、倫理的行為という三つの要素と、「教育は生活である」という彼の基礎理念を結びつけたところに認めている。学習を強いる伝統的な教授法を、強制されなくても学びが成立する方法に代えようとしたのである。彼によると、日々の生活において私たちは、自分たちが取り組んでいる活動や、自分たちの経験から学ぶ。暗記したり勉強したりすることからではなく、目的をもって行うことから学ぶのである。そのように「なすことを学ぶ」や「目的をもって行為する」ということが学校に導入されるべきであり、それによって学校やカリキュラムは、生活のための準備ではなく、生きることの一部となり、生きることそれ自体となる。それを実現する手段が「プロジェクト・メソッド」であった。

キルパトリックは、プロジェクト・メソッドと伝統的教授法の相違を明確にするために凧を作っている二人の男の子の例をあげている。一人は、自ら望んで、心から、目的をもって活動に取り組み、もう一人は、お手本の凧を複製することを直接的に強制されている。この二人の活動の物理的な成果は、どちらも凧であることに変わりはない。しかし、起こったこと、経験されたこと、その過程においてそれぞれが学んだことは、著しく相違する。一人目の男の子は熱心に、展望をもって、飛ばすことのできる凧という一つの目標を追求し、その目標に即して自分の活動について判断したり調べたりする。凧を完成させて空にあげることは満足を与えるとともに、この取り組みの成否の判断に必要な唯一の基準となる。二人目の男の子には、いわば目的が二つある。凧を作ることと、教師の要求や基準を満たすことである。飛ばすことのできる凧を作る喜びは、教師の期待に応えられないのではないかという不安のせいで、見失われてしまうことがあ

る。凧はあがるかもしれないが、「正しい」結び方でひもを結んでいないとか、紙にのりを付けすぎているなどの理由で評価が下げられることもある。一人目の男の子は、学校での活動に誇りをもち、考えたり物事をやり抜いたりすることに喜びを感じ、新しいプロジェクトを追求して行動することを通して学ぶ。二人目は学校を、やるべき課題を、それ自体の目的や価値にはお構いなしに、強制するところとみなす。間違えるのではないかというストレスに絶えずさらされながら、活動したり思考したりするのを余儀なくされることを嫌っている。何かを学んでいるとしても、自分のために学ぶのではなく、他の誰かのために学ぶのである。キルパトリックにすれば、カリキュラムは経験であって教材ではない。

　プロジェクト・メソッドを用いる場合、教師の役割は、目的がある行為の四つの局面、すなわち「目的を立てる、計画する、実行する、判断する」ということを通じて、生徒を指導したり支援したりして、古い教授法の欠点や、新しい教授法に潜む危険性——たとえば、時間を浪費する、完成することが難しいプロジェクトを選んでしまう、有意義な学習となる可能性が低い——を避けることにある。劇を演じる、庭に植物を植えるといったグループ・プロジェクトを奨励することにより、教師は社会的環境においてプロジェクト・メソッドを活用できる。それによって集団で対立を解決したり、協力して行動するための規則や原理を作ったり、他者の権利を尊重したりする必要性が常に生じるとキルパトリックは考えた。そのような倫理的関心は、自分たちが置かれている状況の中から生まれるのであって、暗記すべき規則でもなければ、教師によって裁かれたり罰せられたりする違反でもない。かくしてキルパトリックにとってプロジェクト・メソッドは、学びや人格形成のための、個人的で、社会的で、道徳的で、民主的な手段であった。キルパトリックは、学びと人格形成をすべての教育目的の中で最重要視した。

学習計画(プログラム)の概念化

　ここまで、カリキュラム現象の様々な概念化について考察してきた。そ

---

8) William H. Kilpatrick, "The Project Method," *Teachers College Record* 19 (September 1918): 319-335.（市村尚久訳『プロジェクト法』明玄書房、1967年。）

れにより、カリキュラムに関する思考の教授的・方法的側面が解明された。本章を締めくくる本節では、学習計画(プログラム)の側面についてより詳しく説明していると思われる概念化の例を取り上げる。もちろん、教授的・方法的側面と学習計画的側面が二つに明確に分けられるわけではない。ある意味でホワイトヘッドが説いていた段階は、教授についてどう考えるべきかを示すと同時に、学習計画を立案するものでもある。キルパトリックのプロジェクト・メソッドは、教科ではなく、自ら取り組む自発的なグループ・プロジェクトによるカリキュラムの学習計画を提案している。そうではあるが、本節のように見方を変えて、学習計画という概念に注目してカリキュラムについて考える重要性を明らかにすることも無駄ではないだろう。

カリキュラムを学習計画全体と考えるためには、どうしたらよいのだろうか。一つの方法は、言うまでもなく、順序と相互関係において考えることである。あることが他のことの前提条件とみなされる場合がある。また、バランスや妥当性の問題を考慮する必要がある。

これまでに提起された中で最も総合的なカリキュラムの概念化は、カリキュラムを、歴史、地理、科学からなるとみなしたデューイの見解である[9]。その三教科からなるカリキュラムというのは、一見非常に狭いように思えるかもしれないが、そうではないだろう。デューイは、カリキュラムを分断して、個々に切り離された教科とすることには否定的であった。彼の考えでは、カリキュラムは知識の相互関係を反映していなければならない。知識は、この世界で問題を理解したり解決したりするために、人間によって用いられる。たとえば、この世界には純粋な算数の問題などない。算数が様々な問題から切り離されているのは、学校だけである。この世界には、解決するために何よりも算数を必要とする、経済、工学、日々の買い物や料理などに関わる問題がある。デューイにとって知識は一つの道具であって、装飾品ではない。それは使用されるためにあるのであって、展示するためにあるのではない。知識は世界から切り離されて分断されているのではなく、世界と結びつけられているということを理解できるようにするためにデューイは、教育者はカリキュラムの学習計画を、空間、時間、秩序、すなわち、地理、歴史、科学という三つの次元から、総合的にとらえるべきと説いた。

人間は空間、すなわち地球や宇宙に存在している。人間が存在する地球

や空間について私たちが知っているすべてのことが、デューイによれば地理である。つまり、物理学と化学だけではなく、天文学と海洋学のような科目も関連づけられて、私たちが自然を理解し、人間の空間的次元における問題を解決するのに役立てられるというのである。時間的次元とは、デューイによれば、時間や人間の歴史を示すものすべて、すなわち、歴史だけではなく、文化人類学、社会学、文学、芸術、心理学、哲学といった科目を通して、私たちが自分たち人間について、時間という観点から知るすべてである。時間と空間は、宇宙における、またデューイのカリキュラム概念における、二つの基礎的な次元である。

自然の世界や人間の文化の世界は、そのような私たちの生活における二つの基本的な次元の別称である。それでは、デューイのカリキュラムにおける科学とは何か。科学は、地理学を自然とみなす彼の概念化に通ずるところがあるように思われる。しかし、デューイにとっての科学は、普通の意味での科学ではない。それはすべての教材が達成しうる、最も高度な水準の組織である。空間的次元にせよ時間的次元にせよ、あらゆる内容について知識を収集し配列した極致が、デューイがいう科学なのである。デューイの総合的で学習計画的なカリキュラムの中にそうした科学観が取り入れられているということは、デューイが理想とするカリキュラムの形式や目的を暗示している。それは、何であれ人間が知るすべてのことを、学習者が最も無駄なく、自由に使えるようなかたちにすることを提案しているのである。

そこにみるように、カリキュラムの学習計画を概念化する一つの方法として、それを高度に統合され、結合されたものとみなすという方法がある。コア・カリキュラム、学際的研究、一般教育プログラムといった着想は、この方法と関連している。イギリスの教育哲学者ポール・ハーストは、デューイとは異なる視点から統合的カリキュラムに迫り、教育の主たる務めは知性の育成にあるとした。ここでいう知性とは、世界に関して共有された経験を通して、世界を知る能力である[10]。ハーストによると、人間が世界を経験できる基本的な方法は、七つか八つしかない。人間として

---

9) John Dewey, *Democracy and Education* (New York: Macmillan, 1916), chs. 16-17.（松野安男訳『民主主義と教育（下）』岩波書店、1975年、第16-17章。）
10) Paul Hirst, *Knowledge and the Curriculum* (London: Routledge and Kegan Paul, 1974).

進化を遂げた歴史の過程において私たちは、その七つか八つある経験の各領域における知識を表現する方法として、「知識の形式」を発達させてきた。それは異なる種類の経験を選別したり処理したりするために私たちが発達させてきた、人工的な感覚器官や処理装置のようなものであり、私たちが生まれ持っている目や耳のような感覚器官が、光や音のような異なる物理的形式を処理するのとほぼ同じ働きをする。ハーストが考える人間の知識の基本的な形式とは、数学、物理科学、人間に関する知識、文学と芸術、道徳、宗教、哲学である。それぞれ私たちが存在している人間の世界や自然の世界の異なる側面を経験する方法を体系化したものである。

　その一つひとつに概念のネットワークがあり、対象とする経験の領域のある側面をとらえることができる。それぞれにはその領域の主張を判断するための基準だけではなく、その領域の経験を適切に処理する方法がある。たとえば、芸術の鑑賞には、論理的な議論の理解や、科学的主張の証明に用いられるのとは異なる種類の概念、関係、過程、判断基準が必要となる。美という概念が芸術に不可欠であるのと同様に、妥当性という概念は論理に、証拠という概念は科学的主張に不可欠である。人間の経験の異なる領域は、経験を分析したり、そこで対象となっている経験に関する主張を正当化したりするために、異なる方法を必要としている。ハーストによると、カリキュラムは、彼が特定した知識の形式ごとに、人間の様々な知り方へと生徒を導くものでなければならない。知識の形式という彼の解釈は批判を受け、長い時間をかけて変化してきたが、その主張が変わることはなかった。知識がいくつかの形式に分かれるという見解それ自体も批判を受けてきた。いくつかの形式に分かれるというのが正しいかどうかはさておき、ハーストは教科の構造とは何かということについて理解を深めようとしてきた。異なる教科が存在し、それぞれに固有の概念、理論、方法論、判断基準があることはたしかである。

　学習計画的な概念化について理解する方法として、ここまで考察してきたものよりもはるかに限定的で具体的な方法もある。課程、単元、カリキュラムの教材などの立案は、何らかの概念化を伴う場合がある。そのことは必ずしも明確に認識されていない。フォニックス［綴りと発音の法則性を重視した読み方の教育法］に基づいた読書プログラムは、ホール・ワード・アプローチ［見てすぐ言わせる指導法の別称］に基づいた読書プログラ

ムとは異なるが、その主たる理由はリテラシーを概念化する方法が異なることにある。発見学習に基づいた科学の学習計画は、完全習得学習に基づいた科学の学習計画とは異なる。科学を発見、すなわち統制された探究の特別な形式とみなすことは、科学は確固たる法則や理論であり、習得できさえすれば自然について予測したり統制したりする手段を与えてくれるとみなすこととは異なるのである。

今述べたのは学習計画的なカリキュラムの概念化であるが、その具体例は、現在の学校で開発されたり使用されたりしているカリキュラムの教材の中に無数にある。あなたがよく知っているカリキュラムの学習計画や教材を思い浮かべて、その基底にある学習計画の概念を明らかにしてみよう。

ブルーナーの『人間——学習課程』[11]（*Man : Course of Study* : MACOS）は、学習計画的なカリキュラムの概念化の古典的な事例である。それは小学校高学年向けに立案された社会科の学習課程で、1970年代のアメリカやイギリスで人気を集めた。MACOS は、概念について徐々に難易度を高めながら何度も学び直す、らせん型カリキュラムの一例である。それは、人間に関する研究を、専門分野ごとに区分した伝統的な社会科学を再現するものではない。教科書はない。人間性や人間の社会的行動について思考して探究する材料を生徒に与える、映画、スライド、ゲーム、物語、詩がある。動物の行動に関する教材は生徒に、人類と他の動物の違いを調べたり、類似点と相違点を比較したりする方法を示す。MACOS は、鮭のライフサイクルの学習から始めて、さらに複雑な生物に移ることにより、生命の連鎖、あるいは生物の一生を提示する。たとえば MACOS は、親による子どもの世話は、種の生存にとって必要不可欠というわけではないことを教える。しかし、セグロカモメやヒヒのような動物は、人間と同じように親が世話をするのであり、そのような動物にはそれが欠かせないと考えられている。さらにいえば、ヒヒの研究は、子どもの養育についてのみならず、食物を与える、相互の関係を築く、なわばり意識、侵略などに関する複雑な社会的行動を示している。人間社会の一例として、遠方に暮らし、独特な文化をもつネツリク・エスキモーについて学習し活用することを通して、生徒は人間性や社会的行動について、普遍的と思われる側面と、環

---

11) Jerome S. Bruner, *Man : A Course of Study* (Washington, D.C. : Curriculum Development Associates, 1970).

境や文化から生じたと思われる側面を見分けようとする。学習課程全体を通して、人間は他の生物に比べていかなる特徴を有しているのかということや、他の生物と何を共有しているのかということを、生徒が発見できるようにしている。このような社会科の概念化は、伝統的なカリキュラムとはかなり異なるカリキュラムを提案し、また正当化している。MACOS はスプートニク［1957年にソ連が打ち上げに成功した史上初の人工衛星の名前。これが教育に与えた影響については、本書第 7 章121〜122頁を参照のこと。］以後のアメリカにおけるカリキュラム改革の試みから生まれた、最も論争的なカリキュラムのプロジェクトである。

　学習計画的な観点からみて、最もラディカルなカリキュラムの概念化は、おそらくキルパトリックによる概念化である。それはあなたに考えることを迫るものであるから、本章の最後を飾るにふさわしいだろう。プロジェクト・メソッドの議論においてみたように、キルパトリックは、目的のある生活経験がカリキュラムには不可欠とした。しかし彼は、目的は生徒自身がもつようになるべきものであり、教師によって人為的に与えられるべきではないと考えた。それゆえにキルパトリックは、カリキュラムを予め定めるべきではないとした。カリキュラムはその場その場で、生徒のニーズや目的の中からつくりだされるべきだというのである！[12] これについてあなたはどう思うか。そのようなカリキュラムは、学校が伝統的に責任を負ってきた、その他の重要な教育目的と両立しうるだろうか。有意味な教育という目的を達成するためには、キルパトリックが選んだ手段しかないのか。他に手段があるとしても、それが最善策なのか。最善ではなくても、よい方法ではあるのか。教育者がキルパトリックの提案を採用する決断をする上では、どのようなことを考慮すべきか。先に進む前に第 8 章の「成績をつける方針」という事例や、「社会科のカリキュラム」という論争について検討するとよいだろう。

さらなる探究のために

Bissel-Brawn, V. "The Fear of Feminization : Los Angeles High Schools in the Progressive Era." *Feminist Studies*, 16 (1990), 493-518.
　学校教育とカリキュラムの構造について、フェミニスト［女権拡張論者］の立場か

ら考察している。

Boaler, Jo. *Experiencing School Mathematics : Teaching Styles, Sex, and Setting*. Philadelphia : Open University Press, 1997.

　20世紀末に登場した、カリキュラムに関わる仕事のスタイルについて解明している。そのスタイルとは、改革に取り組みながら、その改革が優れている客観的証拠を入手しようとするものである。教えることに関する問いと教材に関する問いを一つにまとめ、理論（この場合は社会文化的学習論）と研究（テストだけではなく、集中的で長期にわたる教室観察）の両面から考察している。

Egan, Kieran. *An Imaginative Approach to Teaching*. San Francisco : Jossey-Bass, 2005.（キエラン・イーガン著、高屋景一、佐柳光代訳『想像力を触発する教育――認知的道具を活かした授業づくり』北大路書房、2010年。）

　教師が物語を通して教え学ばれる内容に関する知識を深め、自分自身のカリキュラムの枠組みを概念化したり開発したりする方法について論じている。

Pinar, William, ed. *Curriculum Theorizing : The Reconceptualists*. Berkeley : McCutchan, 1975.

　1970年代始めに、カリキュラムの理論と実践を再考する流れを作った中心人物の論考が収録されている。各論考の冒頭には、その著者の手短な紹介がある。パイナーは、再概念主義者という用語を本書で導入している。この用語は、学校、カリキュラム、教えるなどの伝統的な概念に異議を唱える、独自のカリキュラム観の特徴を示している。

Popkewitz, Thomas, ed. *The Formation of School Subjects : The Struggle for Creating an American Institution*. London : The Falmer Press, 1987.

　幼稚園から高校までの教育に関心がある研究者が、各章においてカリキュラムの目的や効果を歴史的観点から検討している。学習障がいが教育を通して構築されたことについて、批判的に分析した章がある。

---

12) William H. Kilpatrick, *Philosophy of Education* (New York : Macmillan, 1951), ch. 23.（村山貞雄、柏植明子、市村尚久訳『教育哲学』明治図書出版、1969年、第23章。）

第5章
カリキュラム作成の手順

　本章では再度視点を変える。ここでは、何となぜからいかにへと、つまり、カリキュラムの主たる問いである、何を、なぜ教えるのかということに対する答えの探求から、有用な方法の探求へと視点を移して答えを模索する。学校や教科のために望ましいカリキュラムに自信がもてないとしたら、あるいは、カリキュラムを良くしたいがゆえに反論されたら、あなたはどうするか。カリキュラムはどうあるべきかを理解する方法は複数あるのか。あるとすれば、その中で他の方法より優れているのはどれか。カリキュラム作成にどのようにして着手すべきか。どこから始め、何をすべきなのか。

カリキュラム作成の源泉

　教師として自分のカリキュラムを作成するという仕事が与えられたら、あなたは、クモが体内の物質を使って複雑に入り組んだ巣を作るように、自分の頭の中からカリキュラムを紡ぎ出そうとするかもしれない。何といってもあなたは、教える教材のことや、教えることになっている年齢の生徒が学ぶべきことはわかっているのだから。あるいは、自分が教える教科や学年段階に適したカリキュラムの材料を、アリのように少しずつ集めることに精を出し、必要とされるときに使えるように蓄えておくかもしれない。一度集めてしまえば後は、適当な方法で組織化すればよいのである。もちろん、勤務校や学区が用意した教師用指導書に飛びつくという手もある。それでうまくいく場合もあろうが、そもそもそれが立案されるとき、その作成者はどのような手順を踏んだのだろうか。クモのようにか、それともアリのようにか。それ以外のやり方か。そのような違いは重要な

のか。重要だとすると、なぜ重要なのか。重要ではないとすると、なぜ重要ではないのか。本章で問題にしたいのはそのようなことである。

　カリキュラム作成には、教科中心、学習者中心、社会中心の三つが考えられる。カリキュラム作成に対するそうした一般的な方針のいくつかについては、前章までにみてきた。たとえば、十人委員会は教科中心という観点からカリキュラム作成に取り組んだ。大学進学準備という目的を設定し、それに適した学問的教科を決定してから、実際にカリキュラムを作成する作業が開始された。専門家が招集され、学問的教科を単元に分解し、適当な学年段階に割り当てて配列したのである。たとえば歴史のカリキュラムでは、十人委員会は5、6年生に伝記や神話などからなる歴史入門を配当した。以下、7年生はアメリカ史、8年生はギリシャ・ローマ、9年生は中世と近代のフランス史、10年生は中世と近代ヨーロッパ史、11年生はアメリカ史、12年生は公民となっていた[1]。それぞれの内容はさらに分解されて、小単元が定められた。

　子どもを重視した進歩主義の教育者は、異なるカリキュラム構成のアプローチをとった。進歩主義者は、学習者が経験に基づく学びに、十分にまた真に取り組めるようにするために必要と思われることを考慮して、そのような学びが展開されうる環境を用意する活動、教材、プロジェクトを見つけ出そうとした。実験学校や経験主義に基づく学校では、伝統的な教科中心のカリキュラムは否定され、経験主義的で学習者中心のアプローチや教材が考案されて試行に移された。教科内容の専門家が用いた実践なきカリキュラム作成法とは対照的に、進歩主義者は学校や教室の現実の状況において行われる、実際の体験に基づくカリキュラム作成を重視した。ただし残念なことにその取り組みは、科学的に統制された実験というよりは、試行錯誤によるものであった。

　その一方で20世紀初頭には、カリキュラム構成をより徹底して科学的なものにしようとする試みが続けられていた。そのような取り組みは一面において社会中心であった。というのも、カリキュラムがどうあるべきかを決定する上で、社会で標準となっていることや実践されていることに注目していたからである。たとえば、多くの学校でカリキュラムに関する調査が行われ、学区は他の学校と比較して、最新の状態であるかとか、標準に達しているかといったことを確かめることができた。また、最もよく使

われる言葉や、大人が日常生活で最もよく使う算数の技能に関する科学的研究を拠り所として、教科書執筆者やカリキュラム開発者は、読み、スペリング、算数の学習活動を、学年ごとに分けて立案した。もちろん、「目的主導」をより重視した社会中心のアプローチもあったが、それはデータに基づく科学的アプローチとは一線を画していた。多くの教育哲学者は、自分たちが望む社会——民主的社会、道徳的社会、自給自足的社会、統一がとれた社会、生産的で幸福な市民が多い社会など——をめざして、そのような目的を達成すべく立案されたカリキュラムを提起した。プラトン、デューイ、バントック、あるいはハーバード委員会の主張はこのアプローチのよい例である。しかし、科学的アプローチはカリキュラム作成に非常に強い影響を与え、今なお優勢である。

「科学的」アプローチによるカリキュラム作成の古典の一つは、フランクリン・ボビットが1924年に著した『カリキュラム作成法』である[2]。カリキュラムを決めるために彼は、当時の「科学的経営」の実践から援用した時間動作研究を用いて、十分な教育を受けた人による、最高の仕事の成果について研究した。時間動作研究は職業に関する研究法であったが、それと同じやり方で教育を受けた人を研究したのである。れんが積み職人の研究を例にとれば、質の高い仕事を最も多く達成しているれんが積み職人を、その仕事の記録や観察に基づいて特定する。次いでその人を研究して、どのようにして優れた成果をあげているのかを詳しく研究し、他の労働者はその方法に基づいて教育を受ける。こうした方法は、この世界で賢く効率的に行動するように教育された人間を育てるカリキュラム作成に必要になることを明らかにするものであり、当時の多くの教育者には非常に現実的で有効と思われた。1970年代のパフォーマンスやコンピテンシーを基礎とする教員養成運動は、このカリキュラム構成法の再来であった。この運動は近年の基準運動［1990年代にアメリカで推進された、すべての子どもに等しく学力を身につけさせることを目的として国家的なカリキュラムの基準を作成しようとする運動。］やアカウンタビリティ運動と大差ないのである。

---

1) Harold Rugg, "The Decades of Mental Discipline : Curriculum Making via National Committee," in Part I , "Curriculum Making Past and Present," *The Twenty-Sixth Yearbook of the National Society for the Study of Education*, ed. Harold Rugg (Bloomington, Ind. : Public School Publishing Co., 1927), pp.48-49.

2) Franklin Bobbitt, *How to Make a Curriculum* (New York : Houghton Mifflin, 1924).

タイラー原理

　これまでのところ、様々なカリキュラム作成法の中で最も影響力が強い見解は、「タイラー原理」において体現されている。実際、ダニエル・ターナーとローレル・ターナーは[3]、タイラー原理は、真のパラダイムであり、カリキュラムの立案に関する現代的な思考様式の真の支配的モデルであるとした。パラダイムとは、ある時期に、ある学問領域に属する人に、全般的に受け入れられている、一連の指針となる観念である。他のパラダイムが同時に存在し、一部から支持されていたとしても、よりよいモデルが開発されて受け入れられるまでは、あるパラダイムが支配的であり続ける。パラダイムという概念からすると、特定の学問領域に属する人がパラダイムの構造に縛られずにその領域の内容について考えることは、不可能ではないにせよ困難であるとみなされる。タナーらは、タイラー原理（その基本原則の変種も含めて）は、現代においてカリキュラム開発を行う上で受け入れられている真の方法であり、これ以外の方法でカリキュラム作成について考えることは難しいと主張した。タイラー原理は様々な批判を受け、対立的なモデルが提起されてきたが、私たちの考えでは、その優位性を揺るがすほどのものではない。タイラー原理に関する以下の解説を読みながら、タイラーの提案の亜流ではない、理にかなったカリキュラム作成法を論じる他の方法が思いつけるか自問してほしい。もし思いつけないとすると、タイラー原理というカリキュラム作成の思考様式が、どれほど深く根付いているかが理解されるだろう。

　1949年、ラルフ・タイラーは、シカゴ大学で担当した科目「教育260—カリキュラムと教授の基礎原理」のシラバスを出版した。タイラーはこの小論を「原理」と呼んだ。彼は、「これはカリキュラム構成のマニュアルではない。学校やカレッジなどがカリキュラムをつくる上でたどるべき段階について、詳細に説明したり要点を述べたりしたものではないからである」とし、むしろそれは、教育機関のプログラムについて、「考察したり、分析したり、解釈したりする」方法であると主張した[4]。タイラー自身は、この原理は順を追って従うべき方法ではないとしたにもかかわらず、多くの者はそう解釈してそれに従ってきた。

　タイラーは、四つの根本的な問いを中心として原理を組織している。彼

によればいかなるカリキュラムを開発する場合でも、その四つに答えなければならない。

1．学校はどのような教育目的を達成しようとすべきか。
2．その目的を達成するために、どのような教育的経験を与えることができるか。
3．教育的経験はどうすれば効果的に組織することができるか。
4．その目的が達成されたかどうかをどのように判断するか。[5]

　換言すれば、タイラーが明らかにしたのは、カリキュラムを構成するために必要なことである。第一に、目的と目標について考える必要がある（1）。第二に、生徒がその目標を達成するのに最も役立ちそうな教材や経験を考える必要がある（2）。第三に、その教材や経験を一つの学習計画にまとめる必要がある（3）。最後に第四に、作成したカリキュラムを用いた結果を、何らかの方法で評価する必要がある（4）。

　このようなカリキュラム作成の手続きについて説明する上でタイラー自身は、学校が達成しようとすべき目的は示していない。各学校の目的はむしろ、それぞれが決定すべきとした。その目的を決定する立場にある者は、学習者としての生徒を研究し、学校の外部の現代生活を研究し、そして多様な教科の専門家から学ぶべきである（この三つは、先にやや詳しく述べた、学習者中心、社会中心、教科中心というカリキュラム作成の源泉と同じである）。その上で、その三点すべてにおける探求から導き出されたことを選別し、少数の「一貫した、重要性の高い目標」にまで絞り込むのである。タイラーはまた、学校は教育哲学を言葉にして明示し、その学校の哲学を基準として用いて、その過程の第1段階において導き出された目標を「選別する」べきとした。それにより、各目標を学校全体の哲学や理想の目的と合致させるのである。

　タイラーによると、学習心理学について学ぶことによって、もう一つの

3）Daniel Tanner and Laurel Tanner, *Curriculum Development*, 2nd ed. (New York : Macmillan, 1980), ch.3.
4）Ralph W. Tyler, *Basic Principles of Curriculum and Instruction* (Chicago : University of Chicago Press, 1949), p.1.（金子孫市監訳『現代カリキュラム研究の基礎──教育課程編成のための』日本教育経営協会、1978年、iii頁。）
5）Ibid., pp.1-2.（同上書、iv頁。）

「選別」の手段が得られる。実際に学べることと学べないこと、学校で実践できる目標、ある年齢段階の生徒には時間がかかりすぎたり達成できなかったりすることなどが判断できるというのである。タイラーがこの原理を執筆していた当時、学習心理学といえば行動主義心理学であり、彼は学習を行動主義者の用語で定義している。それによりタイラーの解釈はより強固なものとなった。しかし、教育者が現在利用できる学習理論は多様なので、学校はその哲学に合った学習心理学を選ぼうとするだろう。たとえば、構成主義を重視する学校では、行動主義心理学は学習に対するアプローチとしては哲学的に受け入れがたいだろう。総合的であると同時に、一貫性がある見方をすることが重要になる。

　タイラーは、目標が決まったら、学習されると思われることを正確かつ詳細に記述して、目標を明示することを提案している。それにより、後で正確に評価する可能性が高められるのである。また、生徒が本当に目標を達成したかどうかを評価によって判断できるようにするために、目標は生徒にもたらされるべき変化を、できるだけ詳しく述べるべきともしている。

　目標が明らかになると、どのような学習経験がそれを達成できるようにするのかが確定できるようになる。タイラーは、この決定の過程は創造的であり、その過程において教師は、「自分に何ができそうかということを頭の中で描き始める」としている[6]。それらを書き留め、練り上げた後、目標と照らし合わせて点検し、目標が示す行動を獲得する機会を生徒に与えるものであるかどうか調べる。意図した効果をあげられるか判断する点検も行える。無駄がないかという観点からも調べるべきである。このような検証を経た経験が、次の段階において組織されることになる。

　学習経験の積み重ねが生徒に強い影響を及ぼすようにするためには、ある授業や教科の経験が他の授業や教科の経験と調和するように組織されなければならないし、経験が毎月、毎年、安定した成長をもたらすように組織されなければならない。重要な目標は何度も繰り返し、異なる方法で取り扱われ、徹底して学習されるようにしなければならない（連続の原理）。連続的に行われる学習経験は、学習するごとに生徒を教科により深く導くように、一つひとつ積み重ねられるようにしなければならない（順序の原理）。そして、学校で生徒に起こる様々な学習経験が相互に、理路整然と

構成的に関連づけられるべきである（統合の原理）。教育は無関係な技能や知識の寄せ集めではないのである。

　タイラーはカリキュラム開発者に、自分がやろうとしていることに合わせて要素を組織化する様式を選び、各要素を連続、順序、統合に基づいてカリキュラムに組み込むことを提案している。たとえば、算数・数学においては、概念と技能が要素を組織化する様式として重要になる。社会科のカリキュラムにおいては、概念と技能だけではなく価値が要素の組織化の中でも重要になることがある。さらにいえば、学校のプログラム全体が構造の組織化を必要としている。中高における構造の組織化とは、通常、日課に合わせた教科内容である。小学校における構造の組織化は、それよりも柔軟で、学年ごとに分かれていない場合もある。教師あるいは教師集団は、年間を通してその日、その週の計画を、緩い制約の範囲内で自由に立てて、適宜指導するのである。タイラーは、各学校が、それぞれに合った組織化の構造に基づいて決定すべきと考えている。このように、タイラーの原理は、カリキュラム開発法について細かく規定してはいるものの、価値中立的であろうとしている。

　タイラー原理の最後で取り上げられているのは、評価である。評価は、カリキュラムが望ましい成果をあげているかどうかを判断する段階である。評価を通して、プログラムを実践するために選ばれた特定の手段の効果はもとより、プログラムを作る上での前提や仮説を点検する。生徒の現実の行動についての判断も評価に含まれる。さらにいうと、学習が成果をあげている証拠を得るために、何度も時期を変えて評価する必要がある。利用できる方法は、テスト、作品、アンケート、記録など様々である。評価の手段は、その学校の目標に合わせて作られるべきである。その手段は、同じ生徒を相手に、異なる人がテストを行っても同じ結果が得られるという意味において、客観的でなければならない。評価の結果は、学校のプログラムの長所と欠点を明らかにしたり、改善策を練ったりするために使用されるべきである。

　タイラー原理について少し詳しくみてきたが、整理すると、その主たる特徴として、目標を明確にし、学習活動を選択し、学習活動を組織し、評

---

6) Ibid., p.53.（同上書、81頁。）

価の手段を開発する、ということがあげられる。タイラーは、本書においてここまで考察してきたすべてのことや、それ以上のこと（評価のこと）まで考慮に入れているが、カリキュラムに関する考え方がそれらのどれとも異なることは押さえておくべきである。タイラーは、理想とされる目的、明確な目標、特定のプログラム、カリキュラムという現象のより優れた概念化といったことにはこだわっていない。その点において、ここまでに取り上げてきた他の理論家とは異なる。彼がこだわるのは、論理的で正当と認められる多様なカリキュラムに到達する、高度に合理的で総合的な方法である。かくしてタイラー原理は、20世紀に支配的であった科学的な思考を反映して客観性と公平性を主張し、価値判断からは切り離されていたのである。そのような見方は、カリキュラムを考える上で、今なお支配的であり続けている。

　このようにタイラーの原理は、カリキュラムとはそもそも何かということではなく、カリキュラムをどのように作成するかということに焦点を絞っている。タイラーは、カリキュラムは学校によって変わるであろうし、実際に変わるべきであるとする。イリノイ州の地方の学校でよいとされるカリキュラムは、ニューヨーク市の学校には合わないだろう。ただし、異なるカリキュラムに到達するまでの方法を、厳格で緻密なものに統一することはできるのであり、またそうすべきである。タイラーによると、各学校は、それぞれの実状のみならず、哲学と価値観を生かしてカリキュラムを決定するべきである。あなたはこの主張に同意するだろうか。第8章の論争「十人十色」について考えてみるとよいだろう。

　タイラー原理を方法としてどう用いるかという問題については、様々な考え方がある。そのことは、タナーらが主張するように、タイラー原理がカリキュラム開発の支配的なパラダイムとなっている何よりの証拠である。たとえば、『教師―経験主義者』の中で、ジェイムズ・ポファムは評価を強調して、明瞭で正確で測定可能な行動目標を開発する必要性を力説し、タイラー原理を生かして効果的な教授について説明している[7]。タイラー同様、ポファムは、価値にとらわれない中立的な立場から、教師が自分自身のカリキュラムや教授について判断する上で用いるべき手続きについて説明しているのである。ポファムの提案は以下の通りである。まずブルームの分類学、タイラー原理の第1段階、あるいは、彼自身がカリフォ

ルニア大学ロサンゼルス校（UCLA）で同僚と作成した「教授目標交換」と呼ばれる行動目標一覧から、目標を引き出す[8]。次に事前テストによって、選ばれた目標を生徒がどの程度身につけているかを調べる。その上で、その目標を達成するための手段としての教授について判断し、実行する。最後に、生徒の行動における測定可能な変化を評価する。このようにポファムは、タイラー原理を明確に取り込んで活用しながら、効果的に教える方法を理論的に説明しようとしており、タイラー原理の大枠を鏡のように反映しているといえる。目標、選択、組織、評価という手続きに従っているのである。しかしながら、行動目標の批判者はことあるごとに、ポファムによるタイラーの受容は度を越しており、タイラー原理が教師の自由裁量をほとんど認めない硬直した定式になっていると指摘した。明らかにそれはタイラーが意図したことではなかった。

　タイラー原理はカリキュラム開発の真のパラダイムであるというタナーらの主張には説得力がある。目標、選択、組織、評価にふれることなくして、教授やカリキュラム開発について有効な説明をするのは難しいだろう。

シュワブの現実的・折衷的アプローチ

　シュワブによると、カリキュラムの理論家は、日々の生活における具体的で現実的なカリキュラムの問題に対する答えよりも、カリキュラム開発の一般的な理論を追求してきたために、カリキュラムという研究領域を誤った方向に導いてしまった。そうならないように、現実的なこと、準現実的なこと、折衷的なことに焦点を絞るべきであると彼は主張する[9]。シュワブが提起した相互に関連するこの三つの代案の意義を簡潔に説明することは難しいが、要するにそれは、特定の状況においてとりうる様々な行為について熟考することを意味する。特定の状況においてとるべき行為は、その状況に関する事実的知識に基づいて決定されるべきである。それはまた、行為と状況の両者を理解したり解釈したりするために知りうるす

---

7) W. James Popham, *The Teacher-Empiricist* (Los Angeles : Tinnon-Brown, 1970).
8) Ibid., pp.21-27.
9) Joseph J. Schwab, *The Practical : A Language for Curriculum* (Washington, D.C. : National Education Association, 1970), p.38.

べてを、情報源にかかわらず入手することによって決定されるべきである。対立的な理論であっても、特定の事例においては適用可能であったり有用であったりすることもあるのだから、その価値が認められるべきである。陪審が証拠を入手してから判決について熟慮を重ねるのと同様に、すべては熟慮の上になされるべきである。

　シュワブは、いくつかの普遍的原理の合理的な組み合わせからなるカリキュラム理論を追求するのではなく、カリキュラムの政策や実践の具体的事例において、現実を重視してよい決断なり、よい行動なりを追求するよう説いている。私たちはカリキュラムの問題の中でも抽象的な問題については、包括的で一般的な解決策を見つけようとすべきではない。それは、どの候補者を選ぶか、誰と結婚するか、どの仕事に就くかといった問いに対して、私たちが完全な答えを見つけようとは思わないのと同じである。そのような諸問題における選択から、私たちの生活は成り立っている。選択するためには知性を十分に働かせる必要があるが、政治理論、配偶者の選択理論、職業選択の理論を用いる必要はない。シュワブによれば、同様にカリキュラムに関わる判断もカリキュラム理論を必要としない。

　別のところでシュワブは、カリキュラム作成に関してよく言われることとして、教師、生徒、教材、環境に言及している[10]。シュワブは彼がいう熟慮の過程が、タイラーの原理と両立しないと考えたわけではない。しかし、シュワブのカリキュラム作成観は、タイラーとは全く異なることを重視している。リードによると、コミュニティにおける熟慮というシュワブの見解は、「カリキュラムは、道徳的コミュニティを生み出し、また道徳的コミュニティによって生み出されるある種の教養教育に関わるべきである」ということを示唆しており、それは目標に基づくカリキュラム作成とはかなり異なる[11]。

　シュワブよりもさらに直接的にタイラーの原理に異議を唱えたのが、想像的行為としてのカリキュラム計画を力説したアイスナーである。アイスナーは、「私たちが教育に望むことをすべて言葉で記述、あるいは測定できるようにするだけでは不十分である」と述べている[12]。目的は実際には活動の中から生じる場合が多いのであって、その逆ではない。アイスナーは、行動目標、問題解決目標、そして表現目標について論じている。問題解決目標と表現目標は私たちに目的を与えるが、行動目標は事前に決めた

目的を私たちが達成することを可能にする。アイスナーによると、立案するためのモデルは、従うべき定式ではなく、カリキュラムに関するより洗練された熟慮を促す手段を提供すべきである。ちょうどそれは、芸術家が新しくて独自なものを創り出すために、芸術の原理や材料を用いるのと同じである。

　カリキュラム開発集団の実際の取り組みについて研究したウォーカーは、彼らがタイラーの四段階に従っていないことを明らかにした[13]。カリキュラム開発集団は、現実には目標を全く明確にしていなかった。概して目標は、開始時に開発の基礎となる出発点として明確にされるのではなく、開発が終わりに近づいた頃、カリキュラムの目的を教師に伝えるために明確にされる場合が多かった。開発の出発点となっていたのは、共有された一連の信念やイメージであった。それは、内容についての信念、生徒や生徒のニーズや学び方についての信念、学校や教室や教授についての信念、社会とそのニーズについての信念などであり、よい教授のイメージ、模範となる内容と方法のイメージ、従うべき手続きついてのイメージなどであった。そのような信念を言葉にして洗練していくことに多くの時間が割かれ、ウォーカーがいうところの「信条」を構成していたのである。

　アイスナーとウォーカーの研究は、カリキュラム開発に生かしうる方針を提案し、その提案の長所と短所について論じるものである。彼らの議論は、自ずと彼らの信条に大きく依拠している。アイスナーとウォーカーによる熟慮は、議論の内容ではなく、特定の信念やイメージに関わっているのである。それは陪審の審議が、彼らが所与のものとして受け入れなければならない法律に関わるのと同じである。アイスナーとウォーカーはまた、陪審が有罪か無罪かの決断を下そうとするのと同じやり方で、つまり、すべての事実を考慮することによって、最善の方針について決断を下そうとしていた。端的にいえば、シュワブが提案した通りに熟慮したのである。

---

10) Joseph J. Schwab, "The Practical 3 : Translation Into Curriculum," *The School Review* 81 (August 1973), pp.501-522.
11) William A. Reid, "Rethinking Schwab : Curriculum Theorizing as a Visionary Activity," *Curriculum Inquiry* 9 (Autumn 1979) : 187-207.
12) Elliot W. Eisner, *The Educational Imagination* (New York : Macmillan, 1979), p.114.
13) Decker F. Walker, "The Process of Curriculum Development : A Naturalistic Model," *School Review* 80 (November 1971) : 51-65.

カリキュラム計画に関してシュワブが提起した熟慮の過程は、目標を決定する一つの方法とみなしうる。しかしそれは、タイラーのモデルでは重視されなかった目標を決定する過程の諸側面、すなわち、熟慮、判断、状況の特殊性への着目、多様な概念や観念を考慮する必要性などを前面に押し出すものである。シュワブは、手段と目的は相互に規定する関係にあるとみなすが、タイラーは行為（手段）を目標（目的）に合わせるべきと主張している。タイラーのモデルは、目標を最初から公にして明示することによって、それを実現する試みの成否を、自他共に確かめられるようにすることを求める。他方、シュワブの熟慮の過程においては、目標を明確にすることはさほど重視されず、明確にするにしても、後で述べることもできる。現実にはそうなる可能性が高いのである。
　シュワブのカリキュラム作成観は、タイラー原理に比べて直線的でも総合的でもなく、柔軟で弁証法的であるが、タイラーが問うた問題について、熟慮のどこかで検討する必要があるかどうかは議論の余地がある。目的は何であり、それをどのようにして達成するかということを問う必要があることに変わりはないし、それぞれが置かれた立場において実際にそれを問うたのではないかということを明らかにする必要もある。シュワブ自身その必要性を認めており、カリキュラム作成について考える上で、タイラー原理の影響力はそれほど揺るぎないのである。
　近年のカリキュラム計画のアプローチである逆向き設計は、タイラーの伝統に根ざしており、カリキュラムについて考える上でタイラー原理にいかに説得力があり、広く受け入れられているかを物語っている。ウィギンズとマクタイは、カリキュラム立案者はまず望ましい結果から始め、そこから逆向きに設計して、教師とカリキュラム立案者、あるいはそのどちらかが、その結果を達成することができる大きなテーマや発展性のあるアイディアを決定することを提案している[14]。

フレイレの解放的アプローチ

　その一方で、タイラー原理とは全く異なる、より急進的なカリキュラム構成の手続きも提案されてきた。たとえば、ブラジルの教育者であるパウロ・フレイレは、ブラジル北東部に住む、読み書きができない成人農場労

働者のための教授法を開発した。そのような研究を行ったために、1964年に国外追放となった。著書『被抑圧者の教育学』[15]は、フレイレが開発した教育学的実践のみならず、彼の政治観や哲学観を示している。ここでは主に、彼が説くカリキュラム開発の方法に注目する。その方法の主たる目的は、人々の中に批判的意識を喚起して維持することにある。この概念の意味について簡単に解説するところから始めよう。

　フレイレの基本的な関心は、裕福な人々に隷属してきた、貧しく無力で教養のない人々の解放にある。彼らを抑圧するような社会現実の見方が支配集団から押しつけられているため、抑圧された人々は、自分たちが置かれている状況を理解したり判断したりすることができなくなったり、今の状況以外の可能性を考えられなくなったりしている。このような社会現実の解釈は、言葉、イメージ、慣習、俗説、大衆文化を通じて、また、人々の生活に浸透している無数の露骨な方法や巧妙な方法によって教え込まれる。被抑圧者はこの解釈を現実として受け入れ、精神的に打ちのめされる。支配者の見方を受け入れることにより、自分たちを役立たずで救いようがなく劣っているとみなすようになる。あきらめ、自己卑下、心理的依存などを特徴とする、抑圧された人という人格特性を身につけてしまうのである。

　教育の主な役割は、フレイレによると、そのような態度を克服し、能動的な自由や人間の責任という特性で代えることにある。そのためには、被抑圧者のことを、教育者によって行動を変容させられる対象として扱ってはならない。そうではなく、被教育者は、支援を必要としている人間、すなわち、能動的な主体として扱われなければならない。彼らが自分自身を解放できるようにするのである。彼らを目覚めさせ、「自分たちを、より完全な人間になるという、存在論的で歴史的な使命に従う人間とみなす」ようにさせる必要がある[16]。それは対話によって成し遂げられる。教育者の仕事は、課題を提起すること、すなわち、「人間の課題を、世界との関

---

14) Grant P. Wiggins and Jay McTighe, *Understanding by Design*, 2nd ed. (Alexandria, Va. : ASCD, 2005).（西岡加名恵訳『理解をもたらすカリキュラム設計――「逆向き設計」の理論と方法』日本標準、2012年。）

15) Paulo Freire, *Pedagogy of the Oppressed* (New York : Herder and Herder, 1970).（三砂ちづる訳『新訳 被抑圧者の教育学』亜紀書房、2011年。）

16) Ibid., p.52.（同上書、67頁。）

わりの中で提起すること」にある[17]。「生徒」と彼らの「教師」は協力者、すなわち、現実に関する意識やよりよい現実のイメージを、可能な範囲で共に創り出す共同研究者にならなければならない。広く浸透している、強大で巧妙な力によって歪められたり抑圧されたりしそうになっても、無意識のうちに自明視していることから一歩身を引き、世界を批判的にとらえる能力が、フレイレがいうところの批判的意識を習得するということである。

　それでは、その批判的意識をすべての人に養うためのカリキュラムは、どうすれば開発できるのか。フレイレは、教育者が何人かでチームを組んで、特定の地域住民と共に、彼らの現実の見方を反映している生成テーマを開発することを提案している。生成テーマは、その地域の生活様式に基づいており、その生活様式から選び取られる。まずそのチームのメンバーが、教育を受けるべき地域住民の代表と会って計画について話し合い、住民の許可や協力を得る。現地を訪れて、人々がどのように生活しているかを観察する。家庭・職場・教会・遊びなどにおける様子、使用している言語、人々の実際の行動、姿勢・服装・関係などを観察するのである。観察者は、人々が現実や状況についてどのように解釈しているかを示すものを片っ端から探して、そうしたことに関する意識を人々が高めるのを後で助けられるようにする。

　地域での調査により事前に明らかにされたことは、研究チームのメンバーやコミュニティの有志が集まり、現地で数回にわたって行われる協議会で発表される。観察者は観察した出来事や、それに関して感じたことや気づいたことを報告する。グループでその出来事の様々な解釈の仕方、つまり、その出来事が人々の生活の別の側面を示していないかということを議論する。このような話し合いから矛盾が露わになる。もしその矛盾が明瞭に認識されれば、抑圧された状態に置かれていることが人々に明らかになるのである。それが話し合いや、リテラシーの教育で取り上げられる最初のテーマとなる。

　調査者はテーマを明確にし、そのテーマに関連する具体的な資料を各地で収集してコミュニティに戻り、一連の「テーマ調査サークル」において、教育されるべき人々に提示する。この会合において人々は、提示された具体的な事柄について話し合う。チームのコーディネーターは意見を聞

き出し、自分たちの意見を、他の人の意見と関係づけて熟考することを話し手に求める。フレイレはアルコール依存症の例をあげている。飲酒を叱りつけるのではなく、飲酒に関わる出来事についての自分たちの意見を言葉にするよう参加者に促す。話し合いの過程においてコメントが与えられ、ぼんやりと気づいていたその他の問題との関係が明らかになる。たとえば「彼は憂さ晴らしになることをすべきだ」というコメントにより、仕事でストレスを抱えていることに気づかされる。職場の安全が守られていない、賃金が低い、搾取されている感じがする、といったことが「憂さを晴らす」理由になる。

　テーマ調査サークルの活動を終えた後は、心理学者、社会学者、教育学者、一般のボランティアが学問領域を超えて一つになり、実際の教授でカリキュラムとして使用される生成テーマを明確にし、各テーマに関連するカリキュラムの教材——読み物、録音テープ、映像など——を開発する。その教材は、「文化サークル」という次の段階を指導する教師が利用することもできる。

　その具体的な教材はその後、文化サークルで提示され、話し合いの中心となる。教材を劇にする場合もある。教材は常に、答えとしてではなく、問いとして提示される。それによりその人々自身の生活が彼らの元に投げ返されることになるが、自分の生活と再び向き合う際には、抑圧された解釈を受動的に受け入れるのではなく、自分たちが置かれた状況に対する批判的意識をもつことが奨励される。彼らの意識を高め、自分たちの世界を疑うように促すのである。

　解放を説く理論家にとって、教育の目的は、被抑圧者の批判的意識を高め、他者に支配された生活から自らを解放できるようにすることにある。この目的は、ブラジルの小作農の教育だけではなく、大都市の貧困者や被抑圧者、移民労働者、世界中の工場労働者、そして生活の中で自分たちの運命を問うことを学んでこなかったあらゆる場所の、すべての人に適用しうると彼らは考えている。

　フレイレのカリキュラム観が、手続きそのものを示すわけでないことは明らかである。タイラーとは異なり、フレイレは明確な教育目的を掲げて

---

17) Ibid., p.66. (同上書、99頁。)

いる。意識の向上である。フレイレは、彼の主張を活用する人に、好き勝手に目標を選ばせるようなことはしないだろう。しかし、タイラーと同様に、フレイレのモデルはカリキュラムについて予め具体的に述べることはせず、特定のカリキュラムの目標や内容を決定するための一連の手続きを提示している。フレイレが考えるカリキュラム作成は、カリキュラムの決定に関する手続きと合理的アプローチを結合させたものである。しかし、フレイレの手続きはタイラーの手続きとは全く異なるようにも思われる。本当に異なるのだろうか。フレイレの手続きを踏んでも、最終的には、目標を選択し、教授法を選定し、組織し、評価するということにはならないのか。この急進的なカリキュラム構成のアプローチは、タイラー原理の一種なのではないか。あるいは、カリキュラム作成法に関する考え方が本質的に異なるのか。もしあなたが、移民労働者の子どもが多いスラムの学校か地方の学校で教えているとして、意識向上カリキュラムは、教科中心のより伝統的なカリキュラムと両立しうるのだろうか。タイラーとフレイレ、あなたはどちらの手続きに従うだろうか。その二つは基本的には似ているのか、それとも根本的に異なるのか。

カリキュラム作成の政治性

　本章ではここまでのところ、カリキュラムの利用者の視点から、カリキュラム作成の手続きについて考察してきた。いわばそれは、カリキュラム作成者が手続きを定めるための、方法的あるいは技術的な見方であった。しかし、カリキュラム作成はまた公的で政治的な過程でもあり、カリキュラムの思想家は、カリキュラム作成の政治的次元についても説明しようとしてきた。その次元が、アメリカのような多元的で地方分権化されている民主的な社会でどのように機能しているかを説明しようとしてきたのである。本章を締めくくるにあたり、カリキュラム作成について、そのようなより包括的で記述的な観点から考察する。それにより、次章で取り扱う、もう一つのカリキュラムの考え方に移る橋渡しとしたい。
　ジョン・グッドラッドとモーリス・リッチャーは、カリキュラム作成の手続きについて考える、より包括的な記述的アプローチのよい例を示している。彼らはそのアプローチを政治的観点から用いている。グッドラッド

らによると、カリキュラムに関する意思決定は、正当な意思決定機関の適切な水準や責任者にはっきりと委ねられるべきである[18]。彼らは、カリキュラムに関する意思決定を、教授的水準、制度的水準、社会的水準という三つの水準に分けている。教授的水準は、教師、生徒、直接教授に関わるその他の者の判断からなる。本章で取り上げてきたのはこの水準である。しかし、この教授的水準から一歩退いてみると、教授が行われている制度——学校、学区、郡や州の教育局など——に影響を与える判断があることに気づくだろう。制度的水準の判断は教室に強力な影響を及ぼすことがあるが、この水準では学習環境の詳細がわからないまま判断しなければならない。アメリカでは、地方の教育委員会が制度的水準の意思決定において重要な役割を果たしており、より大きな社会的影響と教授的水準の決定や行為のバランスをとっている。

　最後にくるのが、カリキュラムに関する意思決定の社会的水準である。この判断の結果は他の水準に影響を及ぼすが、教授と学習からはどうしても除外されてしまう。この水準には、様々な統制機関や認可団体による、教育制度の形態、資格、州や国のテスト、カリキュラム開発の基礎などに関する判断が含まれる。グッドラッドとリッチャーによるカリキュラムに関する意思決定の手続きは、そのような異なる水準間の複雑な相互関係からなる。教室で実践されるカリキュラムというものは、多様な水準の一つひとつにおいてなされる多くの決定の結果とみなされるべきである。グッドラッドらは、地方や国によるカリキュラム統制を要求する、近年の新たな動向については言及していない。たとえば、「一人も落ちこぼれを出さない」法は、財政支援とアカウンタビリティの測定を結びつけることにより、同法に基づくカリキュラムを推進している。

　目的、学習経験、カリキュラム、組織、評価などについてどのように——どの水準で、どのようなデータを用いて——決定すべきかということを論じる中でグッドラッドとリッチャーが説明している方法は、彼らによると、基本的にはタイラーの原理をカリキュラム決定の実態全体に幅広く適用したものである。そのような主張は、カリキュラム作成は知的で教育

---

18) John I. Goodlad and Maurice N. Richter, Jr., *The Development of a Conceptual System for Dealing with Problems of Curriculum and Instruction* (Washington, D.C. : The Cooperative Research Program of the Office of Education, 1966).

的な過程であると同時に、複雑な政治的で社会的過程でもあることを教えてくれる。彼らは、自分たちの主張がタイラーの主張と密接に関連していることさえ認めているのである！　先に進む前に、第8章の事例「手続きは重要か」や「「適切な」文学を教える」について検討するとよいだろう。本章のテーマであったタイラー原理は、カリキュラム作成の手続きに関する私たちの思考にどれぐらい影響を与えているか、という問いに対する答えを検討してみるのもよいだろう。

さらなる探究のために

Critical Pedagogy on the Web. http://mingo.info-science.uniowa.edu/~stevens/critped_
　　批判的教育学について、歴史、主要概念、理論家を概観している。他のサイトへのリンクも紹介されている。このサイトは二つのことに焦点をあてており、一つには、批判的教育学の概説——定義、歴史、主要概念、主たる理論家——と機関へのリンク先、雑誌、主たる研究者の論文などを紹介している。いま一つには、フェミニズム、ポストモダニズム、人種とポストコロニアリズム、セクシャリティとクィア理論［批判理論の一つで、レズ・ゲイ・バイセクシャル・トランスジェンダーなどに関する研究を行う］などと批判的教育学との関係に関する研究情報を提供している。

Madaus, George F., and Stufflebeam, Daniel. *Educational Evaluation : Classic Works of Ralph W. Tyler.* Boston, MA : Kluwer Academic Publishers, 1989.
　　評価に焦点をあてた著作だが、カリキュラム開発に関するタイラーの著作からの引用や、1981年のタイラーへのインタビューが収録されている。カリキュラムと評価について詳しく学びたい者が、実践に影響を及ぼし続けているタイラーの思想にふれられるようにすることを意図している。

New Horizons for Learning Website. http://www.nerhorizons.org/index.html
　　すべての年齢を対象とする教育に焦点をあてている。今は休止となっているが［2010年春から新体制で再開されている］、サイト上のオンライン雑誌は利用可能であり、大学や現場の教師によるカリキュラムの立案、計画、実践に関する論文が収録されている。本サイトはカリキュラム実践に関わる資料の重要なアーカイブとなっている。

Stone, James C. Untitled Review of Madaus, George F., and Stufflebeam, Daniel, *Educational Evaluation : Classic Works of Ralph W. Tyler. Educational Evaluation and Policy Analysis*, 12 (Spring 1990) : 102-106.
　　ラルフ・W・タイラーの著作を5節に分けて編集したものであり、各節ごとに概説やコメントが付けられている。

Wiggins, Grant T., and McTighe, Jay. *Understanding by Design* (Expanded 2nd ed.) Alexandria, VA : ASCD, 2005.（西岡加名恵訳『理解をもたらすカリキュラム設計——「逆向き設計」の理論と方法』日本標準、2012年）

タイラーモデルを更新したカリキュラム計画のアプローチ。合理的なモデルに即したカリキュラムの立案を望む人や委員会に最適かつ有用である。

第6章
カリキュラム実践の解明と批評

　本章で取り上げるタイプのカリキュラムに関する思考は、率直に言って学問研究を志向している。そうではあるが、その思考はまた、大衆紙、政策、そして職員室での教師の会話の中にも見られる。どうしてそのようなことが学校で起こったのかと思うとき、たとえば、「なぜジョニーは読むことができないのか」、「なぜ学力格差があるのか」と思うとき、私たちは教育に関わる出来事の現状に対する説明を求め、批判的になっているのである。何が起こったのか、なぜ起こったのか、その問題を改善するためにできることはないのか知りたいと思うのである。カリキュラム実践に対する批判的な態度を養うことは、教育者にとって重要である。それこそが、教育という人間的な事業に専門家として従事する者がとりうる、唯一の責任ある倫理的な態度であろう。そこで本章では、近年のカリキュラムに関する調査、研究成果、批判の中から重要なものをいくつか紹介する。教育学者の研究は、あなた自身の実践を批判的に検討したり、他の人からの批判をよく考えて検討したりする上で役立つだろう。教育を学問的に解明することはまた、教師としてあなたが取り組んでいる重要な仕事を、より深く理解できるようにしてくれる。

　アメリカの教育制度は、ここのところおよそ10年に一回、教育に関する国の報告書というかたちで、厳しい公的な監視を受けている。報道関係の解説者、委員会、調査グループ、財団、著名な作家、教育者、記者など様々な人が、教育制度のどこに問題があり、どうすればそれを改善できるのかを明らかにしようとしている。その中で繰り返される「危機」や、彼らが生み出す批評は、カリキュラム実践に対して時に大きな影響をもたらした。1960年代の新しい数学［1960年にアメリカの学校で採用された、探究や発見を重視する算数や数学の教え方］や最新の理科カリキュラムは、1957

年のソビエト連邦による世界初の人工衛星打ち上げによって、人々の関心事となった。ヘッド・スタート［1965年から開始されたアメリカ連邦政府所管の包括的な補償教育。貧困層の子どもが小学校入学後に他の子どもと同じスタートラインに立てるように、就学前から支援を行う。テレビ番組『セサミストリート』はこの取り組みの一つ。］、バイリンガル教育、その他の補償教育プログラムは、1960年代終わりから1970年代始めにかけての市民権闘争と結びついた騒乱の結果であった。生徒や教師をテストする様々な提案は、1970年代のアカウンタビリティ運動の一部として制度化された。1983年には、『危機に立つ国家』やボイヤーの『高校』によって改革が巻き起こり、21世紀になっても影響力をもち続けている[1]。2002年の「一人も落ちこぼれを出さない」法によって、ハイ・ステイクスなテスト［ステイクスとは賭け事における掛け金であり、転じて利害関係を意味する。ハイ・ステイクスなテストや評価とは、生徒にとっては内申書、学力テスト、教師にとっては勤務評定のように、入試、採用、昇進、予算配分など評価される者の利害にかかわるテストや評価をいう。］、学校の格付け、卒業の基準などが導入された。その一方で、教育を専門とする学者や研究者は、カリキュラムに関する研究を継続している。その研究は一般大衆には耳慣れないものだが、後に広く知られるところとなる提案者に影響を与えることがある。それは教育の専門家による、教育の専門家のための調査報告であり、自分自身の実践について理解し、批判的になる必要性を訴えている。本章の目的は、そのような文献をいくつか紹介して、それがカリキュラムに関わる問題におけるあなた自身の専門的な判断に磨きをかける上で役立つ可能性があることを、少しでも理解できるようにすることにある。

タイラー原理の批評

　批判というのは、誤りを見つけるという狭い意味においても、分析したり評価したりするというより広い意味においても、カリキュラムの専門家によって行われるカリキュラムの理論化の重要な一様式である。あるカリキュラムを提案してそれを正当化するのではなく、学識のある批評家が、既存のカリキュラム理論や、既存のプログラムの長所や短所を見極めるのである。その理論あるいはプログラムの改善案がそうした批判から出され

る。その批判に基づいて、提案された変化の程度が小さいなら元の案に若干の修正を加え、さもなければ代案を提起する。学識のある批評家が不適切であると指摘するだけの場合であっても、理論やプログラムに留意すべき問題点があることがわかるという利点がある。理論であれプログラムであれ、深刻な欠陥があるなら、理論に頼ったり、カリキュラムのプログラムに盲従したりすべきではない。

　ハーバート・クリバードによるタイラー原理に対する批評は、博識な思慮深い学者の解釈に基づくカリキュラム批判のよい例である[2]。クリバードは、目標の選択を正当化するためにタイラーが用いた、必要という概念を批判している。クリバードによると、生徒の必要に訴えかけるということは、本来は価値判断を要することを、さも事実に基づいているかのようにみせかけるものである。生徒の読書習慣を調査して、マンガの読者の比率が高いということが明らかになったとする。クリバードの分析によると、それをもって読書に対する興味をより広く、より深くする「必要」があると主張することは、「劣った」読み物に関する価値判断を、科学的客観性という覆いで隠蔽することにほかならない。クリバードは、教育哲学は考えうる多くの目標の中で最も価値がある目標を選ぶための客観的なふるいになりうるというタイラーの主張を、もう一つの巧妙なトリックとみなしている。クリバードによると、そのような選択は、最終的には何らかの客観的な尺度ではなく、自分自身の価値観に基づいてなされなければならないということの言い換えにすぎない。このようにクリバードは、タイラーが説く価値の中立性や客観性について再考を促している。クリバードはまた、学習経験を「選択して組織する」ことができるというタイラーの前提にも疑問を呈している。経験というのは一回限りのものであり、生徒、教師、環境の相互作用がどのような結果となるかを完全に予測することはできない。だとすると、どうすれば経験を選択したり組織したりすることができるのか。活動、作業、課題といったものを選択して組織するこ

---

1) The National Commission on Excellence in Education, *A Nation at Risk : The Imperative for Education Reform* (Washington, D.C. : U.S. Department of Education, 1983) ; Ernest Boyer, *High School : A Report on Secondary Education in America* (Princeton, N.J. : Carnegie Foundation for the Advancement of Teaching, 1983).（天城勲、中島章夫監訳『アメリカの教育改革――ハイスクール新生の12の鍵』リクルート出版部、1984年。）

2) Herbert Kliebard, "The Tyler Rationale," *School Review* 78 (February 1970) : 259-272.

とはおそらくできるだろうが、経験はそうはいかないのである。経験を選択して組織できると考えることは、カリキュラム開発者や教師を惑わせることになるだろう。

クリバードはまた、事前に定めた目標が達成されたかどうかということだけを確かめる評価という考え方も問題視している。ある行為の目的を達成することは必ずしも最も重要な結果ではなく、副次的、あるいは付随的な結果の方が重要であることが多いというジョン・デューイの主張を彼は引用している。たとえば、音楽に関する授業を受けた結果として、楽器の名前やクラシック音楽の形式（単元目標）を学ぶことは、音楽を鑑賞することを生徒が学ぶか学ばないかということに比べれば重要ではないだろう。

カリキュラムに関する思考の一様式としての学問的批判は、一般に様々な理論に基づいており、人文学——主に、哲学、歴史、文芸批評など——から援用した方法を用いる。たとえば、テイラー批判の中でクリバードは、そのような学問を拠り所としている。テイラーによる「必要」という概念の使用を批判する際に、あるところでクリバードは、古典研究者や分析哲学者と同様の手法で、原文を詳しく分析している。またあるところでは、付随的な結果に関してデューイに言及していたように、他の教育理論家を引き合いに出している。批判の基盤として歴史研究も用いている。たとえばクリバードは、テイラーは十人委員会が大学進学希望者のためのプログラムを勧告したと述べているが、それは誤りであると主張する。クリバードによると、同委員会は、将来の進路に関係なく、中高の全生徒のための一つのプログラムを提案するということをはっきりと説いている。そのことからして、エリート的で大学進学希望者のことしか考えていなかったと非難する批評家もいるが、それが大学進学準備のカリキュラムを構想していたわけではなかったことは十分に証明できる。

批判というものは通常、批判されてきたことについての概括的な判断でもある。それについてどう判断すべきか、またどうすべきなのかを総合的に考えるのである。そのような批評家の役割を果たしたクリバードは、テイラーの原理は、「机上の空論に陥ることを回避し」、「真っ向から対立している見解の間をとる」ように訴えることにより、重大な欠陥があるものの、今なお教育者に影響を与え続けていることを示唆している。クリバー

ドは、タイラー原理を「カリキュラムを開発するための非常に合理的な枠組み」であるとしながらも、「カリキュラム開発の真の普遍的モデル」とみなされるべきではないとしている。新しいモデル、新しいパラダイムは、「長年の課題であり続けている」、というのが彼の見解である[3]。

あなたはタイラーに対するクリバードの批判に同意するか。クリバードによる批評を読んだ後でも、タイラーの原理に対するあなたの意見は変わらないか。学問的批評の価値は理解できるか。

カリキュラムと現代生活の批判

ここまでみてきたように、学問研究の一つの機能は、すでに受け入れられている見方を批判することにある。何事も誠実な批評を必要としているのである。実際、大学教授や教師の終身在職権が正当化されてきた主たる理由は、批判的であるとか、一般的ではない見解を支持したり教えたりしたという理由で彼らが解雇されることがないようにするということにあった。執拗に批判し要求するという学者の役割はソクラテスにまで遡り、すべての学問的伝統と同様に尊重されている。しかしながら、次に紹介するカリキュラム研究は、他の理論を批判するにとどまらない。それは学校教育という制度を維持している社会そのものを批判するのである。

マイケル・アップルは、『イデオロギーとカリキュラム』において、学校が現実に果たしている主な機能は「文化的再生産」、すなわち、世代が替わるごとに、その前の世代の社会の行動様式や権力関係を再生産することにあると主張している[4]。アップルによると、近年の社会秩序においては資本、富、経済力が間違いなく中心的な役割を果たしている。アメリカ合衆国は、資本の利害、とりわけ大規模な企業や株式会社の利害によって統治されていると彼はいう。その利害が、メディア、生産、消費、財の配分を統制している。そのように既得権を有する集団がヘゲモニー、つまり文字通りの「規則」や「権威」を行使し、目に見えにくいが常に強力な支配のメカニズムを通して、社会の一人ひとりに甚大な影響を及ぼしてい

---

3) Ibid., p.270.
4) Michael W. Apple, *Ideology and Curriculum* (London : Routledge and Kegan Paul, 1979).（門倉正美、植村高久、宮崎充保訳『学校幻想とカリキュラム』日本エディタースクール出版部、1986年。）

る。アップルによると、そのメカニズムにおいては学校が大きな役割を果たしている。

　アップルによると、学校教育は、公正さを欠いた、不公平で非人間的な権力の配分を再生産して維持する機能を果たしている。学校教育は、権力を握っている者がその権力を維持できるようにし、教育によって権力のない者が底辺層の生活を受け入れるようにしている。そのための手段の一つとして、知識を選択して教えるという方法がある。不当で偏った事実を、完全で、中立的で、客観的な真理として伝達するのである。たとえば歴史を、現在の指導者に同意する者を賞賛し、同意しない者を貶めるようなかたちで教える。科学を、科学技術中心の経済に役立つ労働者を産出するように教える。また、制度としての学校の構造が巧妙に機能して、その中にいる者を統制している。教師と生徒は、官僚的な規則に縛られて、細かいことを常に気にしなくてはならない。彼らはまた、計画や教材に関して外から課された命令に、権力者の期待に応えられるようになるまで従うことが求められる。学校での自分の役割や地位に疑問をもって異議申し立てをする生徒は、懲戒処分を受ける。異議申し立てをする教師は、叱責されるか評価が低くなる。すべての者は、組織の一員であることや、権力者との関係において「適切な」役割を引き受けることを学ぶが、私たちの社会的関係を構築している基底的なメカニズムについては学ばないのである。

　アップルは、知識は文化資本の一様式であるとしている。学校は特定の知識を正規のカリキュラムに取り入れることにより正統化する。すべての者が学ぶ必要がある知識を明確にすることによって、学校は既得権を有する集団にとって重要な知識に特権を与え、社会のそれ以外の集団にとって重要になるであろう知識の特権は無視したり否定したりする。かくして学校は、美術工芸よりも、科学や職業に関わる教科に高い価値を認める。歴史と社会科を教えるときには、調和と同意が強調され、葛藤は最小限に留められる。この社会において人々は満足し、幸福で、ほとんどのことに合意が形成されているという印象を生徒に与えようとしている。アップルによると、それにより学校は、この社会を支配している経済的な勢力の文化資本を維持する上で、中心的な役割を果たしている。

　学校はまた、隠れたカリキュラムを通して、既存の社会の権力関係を維持することにも一役買っている。アップルは、幼稚園の子どもたちを対象

として、学校における最初の経験を分析した。それに基づいて、「幼稚園が始まったばかりの数週間に（幼稚園の）教師が子どもたちに学ぶことを期待していた四つの最も重要な技能は、共有すること、聴くこと、片付けること、そして、教室の慣行に従うことであった」と述べている[5]。この四つはすべて、子どもたちを社会化して統制しようとする試みであり、実質的なことは何も教えていない。子どもたちは教室での活動を組織することに関われないし、その活動に影響を及ぼすこともできない。魅力的な教材があっても、教師が時間と活動を構成しているので利用できないのである。数週間のうちにこの幼稚園のクラスの子どもたちは、教室内の勉強と遊びを区別するようになった。遊びは、自由に選択された活動である。勉強は、やるように言われたり、やらなければならなかったりすることであり、教師から監視され、その成果が評価される。産業社会における労働者としての生活に向けて子どもたちを訓練するために、これ以上直接的な方法があるだろうか。

アップルの分析や批評は、彼が信じる道徳的政治的理想に根ざしている。アップルにとって学問研究は、誤っているにもかかわらず受け入れられている「真理」を暴露して弱体化させる手段である。アップルは、教育の研究や学問は中立であるべきではなく、生徒の権利、教師の権利、抑圧された少数派の権利などの問題を擁護する立場をとるべきとする。彼は、カリキュラムに関わる問題に取り組む者に広く行き渡っている見方や制度について、一歩身を退いて批評し、改善策を考えるよう説いている。あなたはこの主張に同意するか。教育の研究者や実践者には、現在の教育制度の倫理や正義に批判的である道徳的義務があるのか、それとも研究者や実践者は中立であるべきなのか。

教室におけるカリキュラムの機能の理解

すべてのカリキュラムに関する研究や学問が、批判に力を入れているわけではない。事実、その大半は現実の問題を解決することや、カリキュラムが実際にどのように機能しているのかを、明確に理解できるようにする

5）Ibid., p.53.（同上書、101頁。）

ことをめざしている。学問志向の研究者は、独創的で創造的な問題解決者でなければならない。実証的なデータを体系的に集め、分析し、発見したことを報告することにより、カリキュラムに関するある決断をして実践に移したらどのようなことが起こるのかを、よりよく理解できるようにするのである。そのよい例が、スウェーデンの研究者アーバン・ダローフの研究である。ダローフは1960年代後半に、能力別編成が学力に与える影響に関心をもつようになった。スウェーデンの学校は、後期中等教育段階が、実践的な制度と学問的な制度にはっきりと分けられていた。スウェーデンでは、中等教育学校をアメリカの総合高校のようにする教育改革を実施しているところであった。そのような学校において生徒を能力ごとにグループ分けするかどうかということは、この改革の立案者にとって、重大な実践上の問題であった。

能力別編成に関する既存の研究を調べてみると、能力混成クラスで教えた生徒と、能力別クラスで教えた生徒では、学力テストの結果に有為な差は認められなかった。ダローフには、その研究で使用されたテストが不十分であるように思えた。そこで彼は三つの研究から得られた結果を再度分析し、学力テストの項目を、カリキュラム中のトピックスに即して分類してみた。その結果、テスト項目の多くは、カリキュラムの始めの方に見られ、それゆえに学年の始めに扱われるということや、カリキュラムの終わりの方にあるトピックスに対するテスト項目は少ないということがわかった。しかし、能力別クラスの生徒が所定の内容を能力混成クラスの生徒よりも速く終えることができた場合、テストを解く上で彼らが有利になるのは、主としてカリキュラムの終わりに近い項目であるはずである。だとすると、当該年度のカリキュラムの後半で提示される内容を網羅する項目がほとんどないテストでは、能力別クラスの生徒は実力を発揮できないことになる。

次に彼は、カリキュラムの様々な部分に、二つのクラスがそれぞれどれぐらい時間をかけたか分析した。それにより、能力が高いクラスは、能力混成クラスよりも単元全体にかける時間が少ないことがわかった。それゆえ、能力混成クラスの中でも能力が高い生徒は、能力別クラスの中の能力が高い生徒よりも、時間をかけて所定の内容をこなしているということになる。その分析に基づくデータはまた、特定のトピックにかける時間と、

その内容に対応している項目の点数の間には、適度に有為な相関関係があることを示していた。能力別クラスと能力混成クラスに相違が認められないのは、二つの効果が相殺し合っている結果であることは明らかであった。つまり、能力混成クラスの中で能力が高い生徒は、始めの方の単元に多く時間をかける結果、その単元に含まれる項目の点数は、能力別クラスの中の能力が高い生徒よりも若干高い。その一方で、能力別クラスの生徒は、学習課程の終わりの方にあるトピックスに対応する数少ない項目の点数は非常に高いのである。それゆえに学力テスト全体としては二つのクラスに相違がないという結果になったのだ！

このような調査研究の結果、ダローフは、「カリキュラムの過程のためのマクロモデル」を確立している[6]。このモデルの軸となる考え方は、他の条件が等しいなら、「ある生徒集団の学力水準は、特定のカリキュラム単元に対する内容上の妥当性が高い学力テストである場合、(1) そのグループの一般的知能や最初の学力水準、(2) テストされる目標の水準（上級、初級など）、(3) そのカリキュラム単元の学習に実際にかけた時間のどれかに依拠している」、というものである[7]。伝統的な教室で教える場合には、子どもをグループ分けする方法が、ダローフのモデルにおける第一の変数 (1) の数値を規定する。(2) と (3) は教師からの直接的な影響だけではなく、学校環境の様々な要因からの間接的な影響も受ける。学校の日程、科目のシラバス、学級規模、学年の長さといった学校環境が、生徒や教師の活動を限定したり、規制したりしているのである。彼は後者の要因を「環境要因」と呼んだ。

教師はこの環境要因の中で行動し、それぞれのカリキュラム単元に生徒がかける時間や、達成がめざされる目標の水準を調整していた。ダローフによると、教師は教科内容をクラスが学ぶ進度を、クラス内にあるいくつかの小集団の出来具合によって決めていると考えられた。この小集団は、クラスの平均以下の生徒たちから構成されるとダローフは推測した。このグループを彼は「規準操作グループ」と呼んでいる。規準操作グループに属する生徒が次のカリキュラム単元に進む準備ができているようなら、教

---

6) Urban Dahllöf, *Ability Groupings, Content Validity and Curriculum Process Analysis* (New York : Teachers College Press, 1971).
7) Ibid., p.79.

師は次に進む。能力が高いクラスでは、規準操作グループの進度は能力混成クラスよりも速くなるだろう。能力混成クラスでは、規準操作グループに属する生徒の能力は低くなると考えられる。

　ダローフのモデルは、カリキュラムにおける学力の決定要因について検証可能な仮説を立てて、規準を設定している。研究者として彼は、能力別クラスや能力混成クラスを提起しているわけではなく、二つのうちのどちらかを選ぶ上で、誰もが受け入れざるをえない矛盾を示している。その分析によると、どちらか一方が完全に優れているというわけではなかった。彼が明らかにしたのは、能力が異なる生徒の結果について、それぞれに特徴的なパターンがあるということであった。この場合の研究者の役割は、調査して詳細に説明し、私たちにどのような選択肢があるのかを解明することにある。それは実証的で科学的な研究モデルに重きを置いた、学問研究の一様式である。批判するのでも判断するのでもないし、とるべき行為の過程を示すのでもない。経験的な研究は、近年の教育研究の主流である。それは教育に関わる現象の理解を助けることにより、私たちがよりよく予測し、統制し、情報に基づいて選択できるようにするのである。

カリキュラムと文化の関係

　本章のここまでのところで考察してきた研究や学問の形式は、カリキュラムの理論と実践を、比較的新しい観点から解明したり、批判したりするものである。歴史が批評家によって用いられる場合にも、歴史に主たる関心があるわけではないことが多い。しかし、歴史研究それ自体も、カリキュラムに関する学問研究の重要な形式の一つである。それがあるからこそ、すでにわかっていることを研究し直さなくて済むのである。たとえば、読み方の教授の歴史を概観すると、読み方のカリキュラムに対するアプローチとして、19世紀初頭以来、「アルファベット（音声）」と「ホール・ワード（視覚）」が周期的に繰り返されてきたことがわかるだろう。歴史的学問研究はまた、今あるようなカリキュラムができあがるまでの過程を理解する上で役立つ。時間の経過を考慮した見方ができるのである。よく知られているように歴史家は物事を長い目でとらえるが、次に取り上げるカリキュラムに関する学問研究の例はまさにそのようなとらえ方をし

ている。

　ウォルター・オングは『修辞学、ロマンス、テクノロジー』の中で、西洋教育史の奇妙な現象について考察している[8]。古代ギリシャとローマ文明、中世の修道院学校、最初の大学などを経て18世紀に至るまで、現在中等・高等と呼ばれる教育の中心的な内容は修辞学であった。そこに含まれる細かな内容は数世紀の間に変わったが、修辞学は常にカリキュラムに取り入れられ、効果的な言語によるコミュニケーションの分析、議論の論理的分析、効果的な説得術、演説の技法といったことを扱った。今ではそのような課程は、「効果的なコミュニケーション」とか「効果的な言葉の使い方」と呼ばれるだろう。その後19世紀になると、突如として修辞学は優位性を失い、正規の教育のカリキュラムから完全に消え去ったも同然であった。なぜか。

　オングによると、ある時代の主要なコミュニケーションの様式を習得することは、その人が生きている文化の中で権力を握れるかどうかを決定づける重要な要因である。オングの先の著作の副題はいみじくも、「表現と文化の相互作用に関する研究」である。15世紀に可動活字の発明により印刷物が普及する以前は、西洋文明は口承に基づいていた。言葉が主たる表現方法だったのである。子どものときに言葉を器用に使いこなすことを教わった人は、社会構造が許す範囲内で、権力と地位を手にすることができた。言葉がうまく扱えない人は、かなりのハンディを自分は負っていると感じていた。それは今でも当てはまるが、とりわけ読むことができない者はそうだった。

　そのため、学校は当然のことながら、生徒がうまく話せるようにすることに力を入れた。修辞学の授業では、押韻、押韻の型、生き生きとした比喩表現、議論や表現の一般的な形式など、実践的な記憶術を教えることが期待された。生徒は毎日、教えられたことを暗誦した。優れた演説を生徒が記憶して暗誦するか教師が読み上げ、耳を傾けた。生徒は「常用句」を使うことを教えられた。「常用句」とは、すべての人が特定のテーマや機会と結びつけて耳にしたいと思うトピックスのリストである。現在の「誰が、何を、いつ、どこで、なぜ、どのようにして」というのは、常用句と

---

8) Walter Ong, *Rhetoric, Romance, and Technology* (Ithaca, N.Y. : Cornell University Press, 1971).

いう伝統の現代版である。

　オングは、この修辞学の伝統がどのようにして西洋の文学や思想を形成したか説明している。

> 何らかのかたちで常用句を使う実践は、ホメロスから新古典主義まで、西洋世界におけるほとんどすべての詩やその他の文学に影響を及ぼした。その実践は口承という伝統の遺物であり、これからも末永く重視されるべきものである[9]。

　言葉が効力を発揮するためには、聞き手がそれを覚えていなければならない。修辞学のテクニックは、一般に期待される形式を固定して使用することを強調した。それにより、今でいう長期記憶にかかる負担を軽減するのである。「どの文化でも、何を覚えることができるかということだけはわかっている。口承文化というのは概して、記憶を助けることに役立つ定式に当てはまるものだけを記憶したのである」[10]。それではなぜ修辞学の教授は、突然衰退することになったのか。印刷だ！　印刷が広く普及すると、観念はもはや、聞いたときにとらえて記憶にとどめ、その後は口頭で伝え直さなければならないような、はかない切れ端ではなくなった。作者も読者も、間をとるようになった。間をとって、難しい節はじっくりと考え、再読し、研究した。当初それは、手書きの原稿が利用できる、一握りの特権階級だけに許されたぜいたくであった。

> 印刷は、情報を、同じ本の何千部という写しの、同じ頁の同じ場所に、手書きよりもはるかに読みやすく、正確に書き留めた。それにより、知識は一夜にして利用可能なものになった。知識が目に見えるかたちに加工処理されて空間に留められることにより、人間はそれまでにはなかった知的安定を手にすることになった[11]。

　目に見える印刷物が主たる表現方法になると、音声による修辞学の教育的な適切性は失われた。口頭での暗誦は古くさいものとみなされ、すぐに教科書、黒板、紙、ペン、インクといった読み書き能力のための道具に取って代わられた。暗記は重要ではなくなり、大人数を相手に読み書きを

教えることが重要になった。言語の音、比喩、その他の音声的な特徴を強調するではなく、その内容や書く形式を強調するようになった。

　オングの説明や、これに類するその他の説明は、歴史的変化の大きな波に目を向けさせてくれる。そのような変化は、一人の人間が生きている間に気づくことは難しいが、何世代にもわたるカリキュラムの発展に深い影響を及ぼしている。今という時代とコンピュータの登場を考えてみてほしい。情報は印刷物ではなく、ディスクや磁気テープといった、機械なしでは本のように読むことができない、電子メディアに記録されている。「書くこと」は、ワープロで行われるようになっている。印刷の登場により、間（コンマ）、強調（感嘆符）、新しい考え（段落行頭の字下げ）といった口述の表現法を印刷物で示す特別な記号を発明する必要があった。それと同様に、諸機能を操るための電子カーソルの動きや新しい「記号」が電子工学的に発明されて蓄積されることにより、私たちの文書が形成され、後で利用できるようになっている。電子メール、ブログ、インターネット上でのリアルタイムの交信、携帯電話での交信、ポッドキャスティング［アップル社の携帯音楽プレーヤーのiPodと"broadcast（放送）"を掛け合わせた造語で、ネット上に公開された音声データをプレーヤーで聴く方式。］、電子掲示板などもそのよい例である。これらはみな、言語を損なうとして非難されてきた。言語が損なわれるにせよ、自分たちの考えを表現する新しい方法が見つけ出されるだけのことであるにせよ、新しい言語が新しいコミュニケーション形式と共に現れる。新しい言語において言葉は、新しい意味を得て、ごく普通の表現として定着していくのである。オングのような説明の仕方が正しいなら、また新しい情報テクノロジーによって私たちが自分を表現する根本的な方法に革命が起こるなら、21世紀のうちに学校のカリキュラムはどのように変化すると予測されるだろうか。

　本章で考察してきた学問的な解明や批評という形式は、カリキュラムのあるべき姿や、そのあるべき姿をいかにして決定したらよいかということについては教えてくれない。ここでみてきたのは、ある理論に対する学問的な批評、ある理論に対する道徳的な批評、社会や社会の道具としての学

---

9) Ibid., p.264.
10) Ibid., p.275.
11) Ibid., pp.277-278.

校に対する道徳的な批評、学力と能力別編成の関係についての科学的解明、カリキュラムと文化的表現の主たる方法についての歴史的解明であった。こうした教育研究における学問的成果は「象牙の塔」の話であり、実践的ではなく理論的であって、実践者が直接使うことはまずないとみなされるであろう。しかし、そこから学べることは非常に大きいと私たちは確信している。イギリスの経済学者ジョン・M・ケインズなら、「よい理論ほど実践的なものはない」と言うことだろう。現在の実践に関する理論的な批評は、たとえそれがよりよい代案を示してくれなくても、実際に重要な役割を果たすことは、少し考えてみればすぐにわかることである。それは、将来起こりうる問題やそれを回避する方法に気づかせてくれる。同じ批判を受けないように、実践を探求できるようにする。カリキュラム現象を説明する理論は私たちに、どうしたらよいかは教えてくれないが、決断を助けてくれる。その決断にはどのようなことが関わっているのかということや、私たちの考えを行動に移したらどうなるかということを、より明確に、より深く理解できるようにする。学問研究は展望を開いてくれるのである。

　そのような理論を使用することは私たちに、次のようなことも求める。私たちは、批判に答えたり、解明する中で提起されている原理をうまく生かしたりするためにとるべき行動について、自分自身で考えなければならない。そこで必要とされる推論は、骨が折れる知的作業となるだろう。ひどいときには、うまくいったかどうかわからないこともあるだろう。学校は主たる表現方法を教えているというオングの原理を理解すれば、何をしたらよいかわかるのだろうか。修辞学を教えることがほとんどなくなってしまったように、私たちは読み書きを教えることを止めるべきなのか。「メディア研究」をカリキュラムに加えるべきなのか。もしオングが、カリキュラムと文化の関係に関する原理を説明するのではなく、教える内容や、その決定にどこから着手するかということを明確にしてくれていればどんなによかったことか。そうではあるが、オングの見方は展望を示してくれる。本章で論じたオング以外の説明や批判から学ぶことがあるとすればそれは何か。

　本質をより深く洞察することによってのみ、私たちは自分が置かれた状況についてより賢く対応し、より道徳的に見極め、より十分かつ公平に判

断し、目的に合わせて変えることができるのではないか。伝統的な西洋の理想では、教養ある人とは、検証されていない生活は生きるに値しないと考える人にほかならない。専門家としての教育者とは、専門家として生きていく上で重要なことをよく調べもしないで、自分たちには教養があると勘違いするようなことがない人である。批判的で学問的な研究に関する文献が彼らの重要な情報源となるのである。先に進む前に、第8章の事例「批評家としての教師」や、論争「理論と実践」について検討するとよいだろう。

さらなる探究のために

Brooks, Jacqueline Grennon, and Brooks, Martin G. *In Search of Understanding : The Case for Constructivist Classrooms.* Alexandria, VA : Association for Supervision and Curriculum Development, 1993.
　構成主義的な教授、その教授に関する多くの解釈、教室環境におけるその実際の機能といったことに関心がある者に対する具体的な提言。

Ellis, Arthur. *Exemplars of Curriculum Theory.* Larchmont, NY : Eye on Education, 2004.
　学校教育に関する理論の全体像や、それに基づくカリキュラム作成の代表的なモデルを概観する。現実的なカリキュラム開発を提案している。

Gay, Geneva. *Culturally Responsive Teaching : Theory, Research, and Practice.* New York : Teachers College Press, 2000.
　カリキュラム計画に関心がある者のために、文化に注目した教育学の歴史、理論、実践について具体例を示しながら概説している。

Greenfield School Community & Arts College. Retrieved 15 June 2007 from http://www.greenfield.durham.sch.uk/differentiation.htm
　イギリスのウェブサイトの一つであり、多様なニーズをもつ生徒ごとに用意されたカリキュラムを立案する上で、教師や行政官が利用可能なウェブ上の情報源について説明している。このサイトが何よりも有益なのは、様々なカリキュラム・モデルを強調する多様な資料へのリンクが示されていることと、コミュニティ間の連携が強調されていることである。

Hayes, Heidi Jacobs, ed. *Interdisciplinary Curriculum : Design and Implementation.* Alexandria, VA : Association for Supervision and Curriculum Development, 1989.
　カリキュラム統合という改善策について説明し、望ましいカリキュラム統合の規準を選択する上での提案を行っている。

Thirteen ed online. www.thirteen.org/edonline/concept2class/constructivism ［www.wnet.org/education/ に移設］
　ニューヨーク公共テレビ用のウェブサイトで、構成主義のカリキュラムや教授について解説し、多くの事例や立案モデルが紹介されている。

The Project Approach Website. www.projectapproach.org
構成主義者のモデルに従ってプロジェクトを計画する上での支援を必要としている教師に、とくに有益なウェブサイト。専門的な情報が得られるリンク先や、プロジェクト・アプローチに関する事例や解説書が紹介されている。

第7章
交差する改革の流れ

　ここまでのところではカリキュラムをめぐる思考やカリキュラムの作成について、様々な側面から検討を加えてきた。カリキュラムについて考えたりカリキュラムを作ったりするということは、極めて知的な営みであるかのように書いてきた。本章で論じたいのは、それはまた優れて現実的であり、また政治的でもあるということである。前章までのところどころで、新しいカリキュラム観は社会的歴史的文脈において立ち上げられてきたということをほのめかしてきた。時と場合に合ったカリキュラムの変革が必要とされることは、いうまでもないだろう。それゆえカリキュラム観は、知識中心、生徒中心、社会中心といった見方だけではなく、教育制度がその時期に適切に機能していないという認識からも作り出されるのである。そう認識されたときに、制度を全面的あるいは部分的に改革することがその状況を修正し、調整し、改善するために要求される。改革とは、カリキュラムの変革に対するそのような「問題中心」のアプローチの典型なのである。

　改革の規模が小さかったり、断片的だったりすることもある。たとえば、就学者数が定員を超えてしまった場合に、二交替制［全生徒を二つに分け、午前と午後で入れ替えるなどして一つの校舎を効率的に使用する学校運営方式。］や、イヤー・ラウンド・プログラム［長期休暇をなくして、年間を通して通学するようにする通年制。］の導入により対応することがある。20世紀初めの進歩主義教育運動や1990年代の国家基準運動のように、時に改革は全面的で総合的である。1950年代後半以来、アメリカにおいて私たちは、かつてないほど多くの教育改革の提案や運動を目にしてきた。社会の様々な分野が、社会的・経済的・教育的な問題を認め、教育上の対応をとることを強く求めたのである。

1950年代以降にアメリカの学校で教えてきた人や、教えられてきた人なら誰でも、何らかの教育改革が議論され、実際に導入されたことを記憶している。あなたが生徒だった学校でも、読み方や算数・数学の新しい教授法や、理科や社会科の新しい取り組みを採用していたはずである。個々の教師が自分で新しいプログラムの採用を決定した場合もあれば、校長、保護者と教師の会、学区の委員会などが決定を下した場合もあっただろう。いずれにせよ、そうと決まると教師と生徒は、教室でそれを成功させるという難題と向き合うことになった。

　もしあなたがそのときに、教師の一人としてそういった改革の議論に参加していたとしたら、次のようなやりとりを耳にしたかもしれない。

- 「新しい理科カリキュラムの単元2をもうやってみました？　その中の最初の活動のねらい、生徒は理解してましたか？　理解してたんですね？　私の生徒のほとんどは、理解してなかったんですけど、あなたは導入のところ、どうやりましたか？」
- 「その単元についてまず教師用指導書を読んだのですが、そこで提案されているのとは違うやり方で導入しなければ、と思いました。すでに学んだ関連事項を生徒に思い出させました。どうしてそうなるのかわかる人はいるか尋ねました。生徒たちの考え方はいろいろでした。みんなで話し合った後、200年以上前に有名な科学者が正しい説明を実際にどうやって見つけたのか学んでみたくないか尋ねました。そのときから生徒たちの目の色が変わり、授業に入りました。」
- 「私は単元全体の構想や考え方に問題を感じています。というのもそれは、私が教職課程で教えられたすべてのことと正反対だからです。体験ばかりが重視されていて、読むことや話し合いがほとんど、あるいは全くないのです。」
- 「そういえば、数年前この学校で、実験中心の理科プログラムをやってみたことがありましたね。ひどい結果でした。部屋が器具であふれかえり、置き場所が全くなかったのですから。」
- 「私はプラスチックでできた牛乳持ち運び用のケースを持ち込んで壁に取り付け、実験器具を全部その中に入れました。カリキュラムの単元ごとに、器具を色分けしました。とてもうまくいきました。私は体

験重視の理科は好きですよ。書物中心の理科にはもう戻れません。これからも教えるすべての単元に、体験重視の活動を取り入れるでしょう。」
- 「マリーは去年の春に全米理科教師連盟の会合に参加しましたが、彼女が言うに、国の新しい基準には体験重視の作業が多く含まれているから、慣れておいた方がよいとのことです。」
- 「昆虫の体験学習はやめてほしいです。虫が大嫌いなんです！ 虫を扱わなければならないぐらいなら、教師やめます。」

　上に取り上げた新しい理科カリキュラムのような改革は、教育実践の一部を変えようとして広く普及し、注目を集めた顕著な取り組みである。ある教科の教え方の一部を変えるような、比較的狭い目的を設定する改革もある。たとえば、1930年代には、大きな改革運動が起こり、伝統的な音声中心の読み方の指導を、新たな見てすぐ言わせる指導法に代えることに成功した。（読み方に関するこの改革は、それ以来、多くの学校で廃止と導入が繰り返されている。アメリカにおいてこの問題に関する見解は、潮の満ち引きのように揺れ動いてきたのである。）1950年代には新しい数学改革が提唱され、集合、10以上の基数、証明といった新しい内容が小学校の算数に加えられることになった。新しい教授法も導入された。発見による教授である。1890年代から1940年代まで約半世紀続いた進歩主義教育と呼ばれる改革のように、さらに総合的な改革もある。進歩主義教育はアメリカ教育史の中でも、最も総合的な改革であった。第2章でみたように、進歩主義者は生徒の学び方だけではなく、学校のガバナンス、教員養成、教授法、カリキュラムの内容や組織、そして学校の備品や建築までも変えようとした。

　20世紀半ば以降、アメリカの学校では、様々な問題が指摘され、いくつもの重要な改革が行われてきた。その中には、生活適応教育、スプートニク後の「新しいカリキュラム」運動、オープン・エデュケーション、恵まれない人々の教育、職業教育などがあった。生活適応教育（1945年から1955年頃）は、第二次世界大戦後に進歩主義教育から派生した。一般教育の一環として、デートの仕方、就活、お金のやりくりなど、日々の生活における問題に生徒が対処できるようにすることをめざしていた。1958年

から1960年代半ばまでのスプートニク後の「新しいカリキュラム」運動は、学校における生活適応カリキュラムには知的な厳しさが欠けているという声に対する鋭い反応であった。ロシアがアメリカに先駆けてスプートニクという人工衛星を打ち上げたという事実は、カリキュラムが知的に弱体化していることを示していると解釈された。「新しいカリキュラム」運動の指導者は、算数・数学、理科、外国語においてカリキュラムの難易度を高めて、アメリカが科学技術においてソビエト連邦と競い合えるようにしようとした。オープン・エデュケーションは、1970年代初頭の改革運動であり、幼児を主たる対象として、生徒が活動やプロジェクトをさらに自由に選択できるようにすることを主張し、活動に対する大人の関与を少なくした。オープン・エデュケーションと「新しいカリキュラム」運動は、開かれた探求こそが幼児の知的成長を実現する最も効果的な方法であるとする多くの改革者の考えでは、密接に結びついていた。

　1960年代半ばから1970年代を通じて1980年代に入る頃には、恵まれない人々のための教育を改善しようとする改革者が教育における変革の中心となった。公民権運動が恵まれない集団のための公正という問題を、アメリカにおける最重要課題に位置づけたことにより、恵まれない子どもたちに教育の機会均等を認めることが教育改革の優先事項となった。その成果には、人種のバランスが偏っている学校の差別撤廃、反貧困プログラム、ヘッド・スタート、『セサミストリート』、バイリンガル教育、障がい者教育、多文化教育などがあり、その当時「恵まれない人の教育」と総称された。職業教育は、1970年代終わりから1980年代始めにかけての短命に終わった計画で、特定の集団のために特別なプログラムを用意する動きへの対応ともいえるし、経済的な関心への対応ともいえる。職業教育の主張者は、仕事の世界に入るための指導や、卒業後すぐに役立つ、社会から必要とされる職業技能訓練を、すべての子どもが受けられるようにしようとした。

　アメリカ教育省が『危機に立つ国家』[1)]という報告書を1983年に刊行して以来、一つの大きな改革の流れができている。どの改革も経済を強化する手段として、教育を改善しようとしているのである。学校選択／バウチャー、「世界に通用する学校」／「2000年の目標」［正式名称は Goals 2000 : Educate America Act (P. L. 103-227)。すべての子どもがそれぞれの能力を十分

に発揮できるようにするために、学習の基準を設定し、それに達しているかどうか測定することを大きな目標とした。〕、「一人も落ちこぼれを出さない」法、チャーター・スクール、グローバル教育、情報スーパーハイウエイ〔クリントン政権が推進した、光ファイバー通信ケーブルによる、超高速・大容量情報網構築計画。〕へのアクセスを含むコンピュータ・リテラシーなどの改革が進められた。それ以外のことに重点を置いた改革も登場した。多重知能〔ハーバード大学のハワード・ガードナーが、従来の知能指数のような単一的な知能観を批判して提唱した。知能は、言語的知能、論理数学的知能、音楽的知能、身体運動的知能、空間的知能、対人的知能、内省的知能、博物的知能などから構成されるとした。〕、教員養成学校〔アメリカの教育省による教師支援制度の一つで、全米の学校で行われているレベルの高いカリキュラムを共有できるようにするネットワークや学習共同体の確立に力を入れている。〕、書くためのワークショップ、日記を付けること、レインボー・カリキュラム〔黒人の子どもが殺害された事件をきっかけとして、ニューヨーク市の教師や行政官によって作成された、異なる人種や民族の文化や風習などを教える多文化主義のカリキュラム。〕、エイズ教育、ホーム・スクーリング、サービス・ラーニング、保護者と家庭の関与〔とくに「2000年の目標」の中で学校と保護者の連携が目標の一つとされて以来、その重要性が注目を集めて調査研究や政策が推進されている。〕、パフォーマンス評価、統合(インクルーシブ)教育など、枚挙にいとまがない。

改革の解剖図

　改革がもたらす変化は甚大である。改革が展開されている間、教育担当官は予算の一部を改革の支援に配分し、慈善基金・官僚・個人的な寄贈者などが改革の実現をめざして、そのときばかりは教育への投資を増やす。多くの教師や校長は、自分たちが信じる改革に参加することによって、新たな情熱や活力を得ている。多くの才能豊かな人々が理想を追い求め、改革によって状況を変えようと、教育関連の仕事に乗り出している。学校と積極的に関わっている多くの保護者が、改革の手助けをしている。これま

---

1) The National Commission on Excellence in Education, *A Nation at Risk : the Imperative for Education Reform* (Washington, D.C. : U.S. Department of Education, 1983).

では教育にほとんど関心がなかったビジネス、非営利団体、政府諸機関などが、改革に取り組む動きをみせるかもしれない。州議会、知事、郡政委員、市議会、市長などが、学校と今よりも積極的に関わるようになるかもしれない。彼らの関与によって大きな勢力となるのであれば、改革運動は重要なカリキュラムを大幅に改善しうる最強の手段になるようにも思われる。社会的、政治的、経済的な力が特定の改革の下に結集するとき、広い範囲で大きな改革が起こる可能性が高まるのである。

改革は学校教育に関わるすべての人に影響を及ぼす。学校には、生徒、教師、保護者、職員、政府諸機関、教科書の出版会社、その他大勢が関わっている。その影響は国内のみならず、世界の学校にまで及ぶ。改革によって起こった変化が、数世代にわたって影響を与え続けることもある。各教科を一人一冊の教科書で教えるという革新が学校にもたらされたのは、南北戦争直後のことであった。それ以前は各教室に一冊か数冊しかなくて、教師は教科書を大きな石板に書き写し、子どもはそれを小さな石板や紙に書き写した。基準テストや多項目選択式テストは、1920年代の教育改革の一環として導入されたものであり、今なお何を教えるかを大きく規定している。現在の色鮮やかで、にぎやかで、様々なレイアウトが可能な教室は、進歩主義の時代の伝統をそのまま継承したものである。それ以前の教室は格式張っており、今よりも壁面は簡素で、備品の色は薄暗く、机は床にボルトで留められていた。

そのように大きな力を秘めているにもかかわらず、ほとんどの改革は、進歩主義の時代以来、改革者が求めた永続的で本質的な変化をもたらすことはできなかったとみられている。人々は熱狂した。追加資金が投入された。実験が着手された。革新的な学校や教師が全国で改革を採用した。しかし数年後には、情熱は衰え、資金は底をつき、実験は新しい慣行となってしまうか廃棄されるかのどちらかであった。教育学者は、改革は制度化されると、変化をもたらす効果が弱まってしまうと考えてきた[2]。変化を求める人々は、別の教育改革でもやはり自分たちの目標は達成できないのではないかと疑い始めている。

本章の残りでは、改革についてさらに詳しく検討する。そのために、以下のような問いを提起する。

改革運動の中ではどのようなことが起こっているのか。

改革はどこからやってくるのか。そしてなぜそれほど多いのか。

改革はカリキュラムを変えることに成功しているのか。

カリキュラムに責任を負っているのは誰か。地方の教育者か、それとも改革者か。

教師としてどのようなときには改革を受け入れ、どのようなときには抵抗すべきか。

教師が改革から得られる最大の価値とは何か。

改革と段階的な変化

　学校は驚くほど伝統的な場所である。学校の構造には基本的な型があって、新学期が始まる９月になると、決まってそれが繰り返される。顔ぶれや着ている服のはやりは新しくなり、時間割も新しくなるが、おきまりの教室で、おきまりの教科を、おきまりの教科書を使って勉強することに変わりはない。数日もすると、誰もがおきまりの手順に従っているのである。新たにちょっとした工夫をする学校もあるだろう。夏休みのような学校教育の長期中断に伴う弊害をなくすために、９月に新学期を開始するのではなく、年間を通して学校に来るようにするイヤー・ラウンド制にする学校もあるだろう。教室の壁や固定された時間割をなくそうとする学校もあるだろう。カリキュラムや時間割を組織する手段である教科を、廃止してしまう学校も少数だがあるだろう。にもかかわらず、国——現実にはとくに先進国——のために学校教育はあるという一般的なイメージは、私たちが子どもの頃からよく知っているおなじみのものである。学校教育制度の基本的な枠組みは、カリキュラムも含めて、来る年も来る年も驚くほど一貫しているのである。

　カリキュラムが変わるとしても、ゆっくりと、前触れもなく変わることが多い。変化のはっきりとした方向性が、何年も経ってようやく流れとして見えてくる場合もある。たとえば、小学校で芸術や音楽にかけられる時

2）Richard Elmore and Milbrey McLaughlin, *Steady Work : Policy, Practice, and the Reform of American Education* (Santa Monica, Ca. : Rand, 1988) and David Tyack and Larry Cuban, *Tinkering Toward Utopia : A Century of Public School Reform* (Cambridge, Mass. : Harvard University Press, 1995).

間は、過去数十年の間にゆっくりとだが減少の一途をたどっている。その一方で、理科にかけられる時間は徐々に増加してきた。高校におけるラテン語や物理学の履修者数や科目配当も減る一方だが、コンピュータ教育はここ数十年間で激増している。変化したと思ったらすぐに消えてしまうこともあり、盛衰がつきものである。高校の選択科目――外国語や実用的な科目など――は、周期的に変化する傾向が強い。見てすぐ言わせる指導法やフォニックスといった読み方の教授法に対する評判は、数百年の間に一進一退を繰り返し、現在のリテラシー研究では、世界を「読む」ことを学ぶ方法はいくつもあると考えられている。徐々に変化するという現在も進行中のよくある過程をここでは、最終的にそれがどのような結果になるかということには関係なく、段階的な変化と呼ぶことにしたい。

　段階的な変化は、学校のあらゆるところで、いつでも起こっている。段階的というと穏やかなように思えるかもしれないが、莫大な時間と労力を要し、それに関わるすべての者に大変な苦労と緊張を強いる可能性がある。変えるかどうかを決めるための会議を開かなければならないし、変えるとなればどう実現するかを決めなければならない。教師は新しい方法で教えるために準備しなければならない。既存の慣行――時間割、予算、課題、記録管理の方法など――を、変更に即して修正しなければならない。たとえば、ラテン語の履修者数が激減したら、学校はラテン語の教師をどうするのか。そのような調整を行うに際しては多くの対立が生じ、すべての人の作業量や時間的な負担を増やし、段階的な変化に対応する教育者のストレスを強めることになる場合が多い。それは時間と努力と技能を要し、労力と金を消耗する。そういった理由から、段階的な変化といっても、実現することは難しいのである。

　決して容易ではないにせよ、段階的な変化は学校生活の一部に取り入れられている。学校のガバナンスのあり方が、様々なタイプの段階的な変化を、開始し、認可し、実行し、管理するための権限を誰に認めるかを決める。ある学区では、すべてのカリキュラムの変更は、学区の担当部署が、カリキュラム担当官の監視下で行う。学区当局の助言や同意を得ながら、各学校がそれぞれカリキュラムの変更に着手して実践することを期待する学区もある。学校と学区の予算には、現職教育の費用が含まれている。学校の計画には、段階的な変化のために教師が準備する時間が組み込まれて

おり、生徒は来ないが教師は学校に行く日というのがある。教員組合と学校側との契約により、どのような変更が教師の投票による承認を必要としているかが、細かく決められる。教師が教育実習生との打ち合わせに加えて、どの程度学校改善プロジェクトに時間を割くことが期待されるかということまで定められている場合もある。端的にいうなら、段階的な変化は、よく知られており、すでに受け入れられている、既存の制度的枠組みの中で遂行されている。

　その一方で、それよりも大きな改革は、学校の段階的な変化を通常規定している既存の制度的枠組みの外で行われ、大胆な変革を迅速に実現しようとする。改革が開始されるのは、より大規模で迅速な行動が直ちに必要とされる、緊急事態と認められたときである。改革者は、通常のやり方ではその緊急事態に対応しえないので、特別な手段が必要と主張する。たとえば、『危機に立つ国家』は、経済的な緊急事態に対応するために特別な行動を要求した。『危機に立つ国家』の立案者は、アメリカの会社は日本やドイツの会社と渡り合っていく力を失っているがゆえに、事態は切迫しているとみなした。日本やドイツの労働者は、アメリカ以上の教育を受けているとされた。適切な行動がとられて危機が去ると、新しい秩序に段階的に適応していくために、新しい慣行が確立される。

　このように教育改革運動は、ある意味で小型版の革命であり、破壊である。それは、一つの機関だけの部分的な破壊にとどまるかもしれないし、ある制度のほんの一部の破壊にすぎないかもしれない。この小さな革命が起こっている間は、段階的な学校の変化が通常対象としている既存の秩序は脇に置かれる。その革命に付けられた名称――新しい数学、アカウンタビリティと基準とテスト、オープン・エデュケーション、学校バウチャー、チャーター・スクール、エッセンシャル・スクール連盟など――の下で行われる新しい変化の過程が優先されるのである。教育を変えるそのような革命運動の一般的な名称が、改革なのである。

　改革とは何かを説明することは難しい。改革は、その規模が大きなものから小さなものまで多様であるのみならず、その起源が段階的な変化の過程よりもはるかに多様だからである。改革運動はあらゆる種類の組織集団から発生する。教師、学校行政官、保護者といったわかりやすいものだけではなく、農民、組合、企業の幹部、民族や宗教の集団、学者、科学者、

教授、政治家、軍隊の指導者などの場合もあり、数え上げればきりがない。誰でも改革を呼びかけることができるし、どの集団でも団結してその改革を支持することができる。改革を支持する方法も様々である。新しい法を制定するよう州議会に請願する。地元の学校の改革を求めて教育委員会に圧力をかける。財団を説得して地元の指定校で改革を実現するための資金を得る。メディアでキャンペーン活動を行う。改革を具体化した新しい教科書やカリキュラムの教材を作成する。新しい基準テストを開発する。そういったことを組み合わせる場合も多い。

しかしながら、改革が成功するためには何といっても、学校や教師が行うことに影響を及ぼさなければならない。改革は、既存の学校の制度的構造と様々なかたちで関係している。改革者は、新しい目的を達成するために、既存の制度的構造に便乗しようとすることがある。その運営者を味方につけたり、彼らに強い圧力をかけて抵抗できないようにしたりするのである。たとえば、近年の構成主義的改革を数学教育に取り入れようとしている数学者や数学教師は、子どもたちは数学の知識を本や教師から吸収するのではなく、自分自身で構成しなければならないという強い信念をもっているとされる。それゆえに、彼らは、教師を巻き込み、新しいアプローチを説き伏せようと懸命に働きかけてきた。既存の学校関係者や手続きに便乗するという戦略は、教師と行政官が好意的に受けとめている改革に対してはとくに有効である。

それに対して、学校の制度的構造を無視して、それとは相容れない新たな構造を代わりに確立しようとする改革者もいる。たとえば、1970年代に障がい児を普通学級で学べるようにすることを主張した者は、キャンペーン活動を組織し、議会に圧力をかけて法を制定させようとした。それが公法94-142［全米障がい児教育法］として結実し、すべての学校は障がい児に対して、分離したクラスやプログラムを割り当てるのではなく、可能な範囲で最大限普通学級にとどまり適切な教育を受けられるようにすることが義務づけられた。多くの教師はその目標を支持したものの、厳格な規制が同意も得ずに押しつけられたことに憤慨した。自分たちの要求に学校が耳を傾けてくれないと感じている改革者は、学校からの回答をなんとかして得るために、他の有力者に助けを求めたくなることだろう。

ほとんどの改革運動は、いくつかの集団の、緩やかで、一時的な連合体

である。それぞれの集団の関心は普段は異なるが、特定の学校改革においてのみ結びつくのである。進歩主義教育に関する偉大なる歴史家であるローレンス・クレミンは、進歩主義という改革運動の支持者を、伝統的学校制度を批判するという一点のみにおいて結びついた、多様な利益団体とみなしている[3]。農民が伝統的学校に反対したのは、農民の子どもを農場にとどまらせることができなかったからであった。農民は改革により、学校が当時の地方の生活にもっと注意を払うことを望んだのである。労働運動は進歩主義の改革を支持した。子どもたちが都市化と産業化が進んだ社会で、労働者として効率的に働けるようにすることを学校に望んだのである。資本家は、近代産業の工業的・商業的要請によりよく応えられる労働力を準備することを望んだ。それゆえに資本家と労働組合は共に、職業教育を支持した。職業教育は、数ある進歩主義の改革案の一つであった。社会改良主義者は、学校は都市部にみられる切迫した社会問題、すなわち、非衛生的環境に起因する病気、児童労働、ホームレス、文盲、不十分な住宅、犯罪、売春、貧困などに、これまで以上に取り組むべきと考えた。彼らは、学校はコミュニティの中心になるべきという進歩主義の理念や、最新の出来事や問題を取り扱うプロジェクトに生徒が取り組めるようにするカリキュラム改革を支持した。教育の専門家の多くは進歩主義教育を、時代遅れになった学校制度を近代化して合理化する好機であると同時に、社会を改善することで自分たちの存在をアピールするチャンスとみなした。歴史のある時期、そのような集団すべてが、進歩主義教育はそれぞれが関心をもつ最大の問題の解決策になると考えたのである。

　改革は数多くの独立した集団から支持され、しかもその集団は一つの問題について短期間結びつくだけであるため、改革運動に明確な構造はなく、明確に特定できる指導的な集団もない。非公式にではあるが、集団を代表して改革を支持する優れた人物はもちろんいるが、彼らは制度的に承認されてはいないし、統治する権限もない。このように、改革運動には、通常の段階的な改革の過程にある制度的構造や正統性が欠けている。正式な構造――たとえば改革者間の指揮系統――がないため、改革運動が一貫した政策を長期にわたって維持することは難しい。改革の指導者を含めて

---

3) Lawrence A. Cremin, *The Transformation of the School* (New York : Vintage Books, 1961).

誰かが、改革という名のもとに行われていることに責任をもって改革運動を続けることも難しい。広く共有された決めごとに基づいて始められた改革運動が、一部の急進派の統制下に置かれてしまうこともある。改革運動が当初の革命を起こそうという熱意を失い、役所や社交クラブのようになってしまうこともある。目的がおおむね達成されるか、達成されそうにないことが判明すると、ほとんどの改革はただひっそりと姿を消す。このように改革運動は、そもそも一時的な存在である。強力だがはかなく、指導したり統制したりしようとする試みには抵抗する。

　改革運動が華々しい最後を迎えることはほとんどない。新たな関心事が生まれて注目を集めるようになると、普通は消えゆくのみである。たとえば進歩主義教育は、ファシズムや第二次世界大戦の勃発に関心が高まると、世間から忘れ去られた。1960年代の「新しいカリキュラム運動」は、教育内容を知的側面から検討することを重視したが、南部のデモ行進や北部の都市での暴動が大衆の注目を集めるようになると、公民権に対する関心に取って代わられ、新しい改革が開始された。ヘッド・スタート、『セサミストリート』、フォロー・スルー計画［ヘッド・スタートを小学生にまで拡張する教育改革。］といった、恵まれない子どもたちの教育に取り組む改革が行われたのである。改革に批判はつきものだが、反対運動が組織されたり、改革に対する強い批判が広く受け入れられるようになったりすることは、衰退の予兆である場合が多い。改革に問題ありという印象を人々にもたせることは何であれ、改革の未来を損ねる。急を要する重要な変革と誰もが認めることを実現するためには、大衆や教育の指導者を説得し、それまでのやり方を中断させなければならない。論争的な改革案を、彼らを説き伏せて実行に移すことは、それよりもはるかに難しい。

　規模が大きな改革は、終わった後もその痕跡を残す。現在の学校や教室の主たる特徴はほぼすべて、以前に行われた何らかの改革のなごりである。黒板や安い木製鉛筆ですらかつては斬新なものであり、個人用の石板やインクにつけて使うペンに取って代わる教育的価値が改革者によって賞賛された。理科のカリキュラムは、DNA、分子生物学、量子物理学といったトピックが取り入れられたり、日常生活での応用よりも根本的な概念が強調されていたりする点において、今なお1960年代の「新しいカリキュラム」改革の痕跡を留めている。教育のどの分野でも、調べてみると

以前の改革の痕跡が認められるだろう。

教師と改革

　改革は教師にとって、恵みにもなれば災いにもなる。教師がある改革を支持し、それが生徒のニーズに応え、自分が教えている学校の状況に適していると思えるなら、改革に参加することは教師生活において大変有意義な経験となるだろう。たとえば書くことを教える教師の多くは、日記を付けることや、生徒が書いたもののポートフォリオを支持する。改革に参加し、実際にそれを取り入れて教えてみることが、おそらく教師にとって何よりの収穫になるだろう。しかし、そのような場合であっても、改革は余分な時間や労力を要する。教師がお金や備品を負担しなければならないこともある。それとは対照的に、改革によって教師が本当のところよく思っていない方法で教えさせられたり（たとえば、テストのために教えること）、教師同士、保護者、行政官などとの対立を余儀なくされたりする場合、教師生活において最悪の経験となるおそれがある。1970年代にオープン教室をあてがわれた伝統主義の教師が、まさにそのような経験をした。2002年の「一人も落ちこぼれを出さない」法が通った後の多くの教師も同様である。

　改革が引き起こそうとしている変化に対して、教師は様々な反応を示す。学校のカリキュラムは、地方で作成されるべきであると思っている教師もいる。彼らによると、地方の教師は、自分が達成したことや、学校のために献身的に勤務した年月によって、学校のカリキュラムに影響を与える権利を獲得するものと思っている。それゆえ自分たちの学校のことを全く知らない新参者や部外者による侵害には、怒りを覚えることだろう。その一方で、改革によって現場に新風を吹き込めると考える教師もいる。彼らは、自分たちが置かれている状況は、ひとりよがりで、生気がなく、ありきたりで、内向きで、変えるべき時期を逸しているとみなしている。そのような教師は、子どもたちや学校制度にとって重要と思われる改革に取り組むことは、刺激に満ちていると考える。それによって専門家として成長できる機会が与えられることを歓迎するのである。

　改革は通常、新しい資源を学校に与える。地方の教育委員会、州当局、

財団からの基金、政府当局などにより、予算配分の増額というかたちで、資金がもたらされることがある。改革に伴い学校に大学の教員や学生ボランティアのような、新しい人員が配置されることもある。書籍、コンピュータ、顕微鏡などの物的資源が、改革によって学校に導入されることもある。そのような資源はもちろん教師にはありがたいが、よいことばかりでもない。教師は新しい資源を管理しなければならないし、その使い方を学ばなければならない。新しい資源は、人にしろ、物にしろ、各学校の教育者が処理したり解決したりしなければならない面倒な事態を、校内にもち込むおそれがある。

　十分な時間がないというのは、改革について教師がよく口にする不満である。改革について書かれたことを、読んで理解するだけでも時間がかかる。学校は教師に現職教育を受ける時間を与えるが、それだけでは十分ではない。教師が新しい授業を考案したり、教授上の方針を変えたりするには時間がかかるのである。その改革に従事している教師間でやるべきことを調整するために、会合を開く必要がある。改革に即して実際に教えるためには、それまでの実践よりも手間暇がかかる場合が多いのである。

　改革はまた、さらなる知識や技能を身につけることを教師に要求する。これまでうまく教えることができており、自分の教授技術に対する自信を順調に深めてきた経験豊富な教師にも、改革に加わって新しい方法を試し、新しい内容を教えることを求め、初任時に味わったような心許なくてぎこちない思いをさせる。嫌な気持ちにさせるだけではなく、新しい方法や内容が生徒に悪い影響を与えはしないかと心配させる。

　結局、改革は教師にとって、良くも悪くもある。同じことが校長や地方の学校行政官にも当てはまる。改革によって資源と機会が与えられるが、それには危険が伴うし、時間や労力も必要とされる。ある改革が、ある状況に置かれたある教師にとって、肯定的な経験となるか、否定的な経験となるかは、多くの要因によって決まる。改革が状況に適しているかということや、様々な関係者が改革の過程でどう行動するかといったことも関係する。最低限問われるべきは、当然のことながら、改革がうまくいくかということである。その改革を全うすることにより、問題は解決され、状況は改善されたのか。この問いについて診断したり判断したりするのは、容易ではないだろう。そのような問題を問うことそれ自体を恐れている改革

者もいるため、問われることすらない場合もある。今の改革の効果を確かめる前に、次の改革に乗り出してしまう改革者も多い。

誰がカリキュラムに責任をもつのか

　地方の学校で働く教師やその他の教育の専門家にとって最も厄介なのが、改革のために当局に対して、カリキュラム上の異議申し立てをしなければならなくなるということである。改革は、カリキュラムに関して決定する既存の手続きに異議を唱える。通常その手続きは、地方の教育委員会が決める。行政官の勧告に基づいて、教師と保護者からなる委員会が詳細をつめるというのが一般的である。学校現場で何年か務めた者はそれが標準的な手続きであるとみなし、現場の教育者や保護者が正当なカリキュラム意思決定者だと思っている。改革は、その学校や学区内の有力者を代表するものでなければ——場合によっては代表するものであったとしても——、部外者による地方の特権の侵害とみなされる。

　しかし、少し考えてみればすぐわかることだが、地方の学校制度の外にいるその他の関係者もまた、カリキュラムに関する決断をしている。州は学校の一日や学年の長さを規制している。教えられるべき教科も定めている。卒業必修科目や、州立のカレッジや大学の入学に必要な科目を定めているのも州である。カレッジの前段階の学習内容を細かく規定している州もある。州は教師になるための必要条件を細かく規定している。州公認の教科書選定リストを作成している。地方の学校はその中から教科書を選ばなければならない。憲法は教育に関する法的権限を、州政府に与えている。地方の教育者は、自分たちのカリキュラムに州の手が及んでいることに気づかないかもしれない。州の決定は日々の学校の活動の中に、既に入り込んでいるからである。地方の学校がそのことに注意を向けるのは、新しい政策が発議されるときぐらいである。州議会や州の教育長がカリキュラムを管理する新しい規則を施行すると、「私たち」の学校を知らない部外者が干渉してきたという不満の声が、学校のあちこちで聞かれる。州による規制の拘束力は弱く、地方の責任者は大概、自分の学校に有害と思われる規制を回避する方法をいともたやすく見つけ出せる。

　連邦政府もまた、カリキュラムに関わる決定に絡んでいる。教育省は、

教育に関わる法や行政命令を施行する規制を公布する。たとえば、1975年に可決された公法94-142は地方の学校に、障がいがある生徒に特別な配慮を施し、可能な範囲で最大限、普通学級での学校生活に統合することを求めている。教育省はまた、「2000年の目標：アメリカ教育法」プロジェクトを支援して、50州全州に共通の国家目標を設定しようとした。さらに2002年に議会は、3年生と8年生の読み方と算数・数学のテストや、高校卒業時の基準テストを開発することを州に求める、「一人も落ちこぼれを出さない」法を可決した。その他のいくつかの連邦政府機関は、カリキュラム改善のための助成金や契約を学校に申し出ている。米国科学財団は、理科、算数・数学、科学技術の教育改革を支援している。全国人文科学基金や全国芸術基金は、それぞれの内容領域においてカリキュラム改善計画を支援している。

　そうだとしても、地方の教育者が連邦政府の支配力を実感することはまれである。学区の法律担当者から、連邦政府が人種統合、障がい児の普通学級への統合、教育における男女平等などを義務づけたという報告を受けるかもしれない。連邦政府からの資金の使い道が制限されることがあるかもしれない。しかし、教育者のほとんどは、連邦政府の代表と直接取り引きしたり、連邦政府が支援する活動に参加したりすることは決してない。にもかかわらず、連邦政府は彼らが教えているカリキュラムに影響を与える。実際、「一人も落ちこぼれを出さない」法が可決されてからというもの、学校のカリキュラムを義務化されたテストに合わせるよう連邦政府から直接圧力をかけられているように感じているということが、多くの教育者によって報告されている。

　いくつかの民間組織もまたカリキュラムの決定に関わっている。たとえば認証組織は、設置認可されるために学校が満たすべき数多くの標準を策定しており、その大半は学校が提供するカリキュラムに関わる。テスト会社は大学進学適性試験（Scholastic Aptitude Test：SAT）のようなテストを開発し、カレッジはそれを入学の選抜に用いている。教科書会社は、生徒が学ぶ教科書の内容や重要事項を決定する。カレッジと大学は、教える資格を得る前に、教師が知っておかなければならないことを決める。専門家の組織——たとえば歴史家や数学者——が、教科において何を教えるべきかということについて意見を表明したり、基準を公表したりして、世論、政

府関係機関、その他の組織に影響を及ぼし、それによって間接的に学校にも影響を及ぼすことがある。ほとんどの地方の教育者はやはり、このような諸機関と直接接することはめったにない。

　改革運動は、そのような「部外者」の存在を、地方の教育者にひときわ強く意識させる。それにより、カリキュラムについて決定する権限は誰にあるのかという問題を提起する。誰が責任をもつのかが問われるのである。現場の教育者がカリキュラムの責任をもつべきと信じる人にすれば、改革は強力で特別な利益集団からの侵害にほかならない。改革の支持者にすれば、地方の学校は変化に消極的であったり、変化することができなかったりするから、改革は学校を前進させるために必要な干渉にほかならない。どちらからしても、現場における段階的な変化の過程と改革運動は、対立的で両立しえない。

　シュナイダー、ボーリン、ズムウォルトらは、カリキュラム改革の問題の一つは、教師が改革を利用するための多様で合理的な方法について、改革者が説明できていないことにあるとしている[4]。改革者は、カリキュラムを計画通りに導入すべきと考える。そうだとすれば、改革者はカリキュラムの内容だけではなく、教師と生徒の役割の変化にも対応できるように学校関係者を支援する体制を整えなければならない。より現実的な方法としては、適応の過程を見込んで、適応するための機会をカリキュラムの実施の一部に組み込むのである。シュナイダー、ボーリン、ズムウォルトらは、トップダウン式の改革モデルを必要としたり望んだりする学校や教師がいることを改革者が認めて、改革に関わる教材の使い方の習得に特化した訓練を行うことも可能としている。教材に手を加えることを必要としたり、望んだりする改革者もいるだろう。改革に対する教育者の専門的意見を、政策として承認することを要求する改革者もいるだろう。自分たちが創り出そうとしている教育的経験に導入可能なカリキュラムの教材を、そのカリキュラムを実践するときに、生徒に与えたいと思うのである。実際に学校レベルでどのように実践されるのかを理解していれば、改革者はより現実的な計画を立てることができる。国民の健康問題の場合のように、立案されたカリキュラムを、最大限忠実に実践することが必要になる状況

---

4) John Snyder, Frances Bolin, and Karen Zumwalt, "Curriculum Implementation," *Handbook of Research on Curriculum*, ed. Philip W. Jackson (New York : Macmillan, 1992), pp.402-434.

もあるだろう。しかし、シュナイダー、ボーリン、ズムウォルトらによると、ほとんどの場合、改革の政策に即しながらも、異なるニーズをもつ大衆に合わせた改革にすることができる。

アメリカ式カリキュラム統制

　現実には、段階的な変化と改革は、多くの点において相補的である。どちらも、ウォーカーが言うアメリカ式カリキュラム統制の一部である[5]。アメリカにはカリキュラムのための省庁はないし、カリキュラムに関わる案件についての国策制定を司る部局が他にあるわけではないが、全国の学校の内容や目標や質を、ある程度一致させることは必要とされている。カリキュラムを担当する独立した公的機関の代わりに、アメリカ式のやり方で、カリキュラムの異なる側面に関わる権限を、異なる集団を代表し、異なるレベルで活動している多くの機関——公的である場合もそうでない場合もある——に分配している。もしアメリカに、すべての学校のカリキュラムに対する直接的な権限が公的に認められた機関があれば、関係者はその機関の決定に影響を及ぼすことに全力を尽くすだろう。そのような権限はどこにも認められていないがゆえに、競合する集団は、自分たちが影響を与えやすそうな意思決定集団に、手当たり次第に働きかけるのである。州や連邦の議員の元に行くことがあれば、知事、州の教育委員会、教員組合、教科書会社、テスト作成者などの元に行くこともあるし、改革を実行してくれそうな学校に資金を提供することも考えられる。

　以上のような様々な諸機関の動きが、規制、説得、干渉などあの手この手で地方の学校に影響を及ぼすので、地方の教育者はその働きかけを、調整したり、日々の活動に取り入れたりしなければならない。それが複雑な仕事であることを知っているので、ある機関は調整の上で、学校が採用して使用すればよいだけの状態になった「パッケージ」を、様々な公的規制の範囲内で作成することに力を入れている。

　カリキュラム統制の仕組みはそのように複雑であるから、迅速で、大規模な変化をもたらすことは、不可能ではないにせよ困難であることは言うまでもない。すべての主だった意思決定者に、提案されているカリキュラムの変更について周知するだけでもおおごとである。その改革を採用する

ように全員を説得し、それをうまく実行に移すための技能や知識を習得できるようにさせるためには大変な労力を要する。カリキュラム改革の支持者にすれば、改革運動はその労力を軽減してくれる。改革運動は、あらゆる集団の意思決定者の関心を集める。ある改革が主だった意思決定者から幅広く支持されそうだということになると、その改革に好意的な他の意思決定者は制度を動かす機会をそこに見て取り、やはりその改革を支持する。雪だるま式に支持が増えていくことで、その改革はよりいっそう注目を集める。この肯定的な反応の連鎖が、改革に向けられる困惑にかえって拍車をかけることもある。

　改革運動を国レベルでカリキュラムを作成する公的機関の欠如の結果とみなすなら、改革と地方の段階的な意思決定は相補的といえる。地方の学校は、各学校の主だった意思決定者——教師、学校行政官、様々なかたちで学校と関わっている保護者など——の意見はよく取り入れているが、カリキュラムに関わる決定に関与する権利を主張するその他の集団——カレッジと大学、研究職に就いている者、株式会社、労働組合など——の意見についても同様に取り入れているわけではない。そうしたその他の集団は自ずと国の水準に関心が向くが、彼らが地方だけに頼って自分たちの関心を効果的に実現することはできない。たとえば、技術的に十分な能力がある労働者を見つけることに関心があるハイテク企業は、何千もの学校や学区のカリキュラム委員会に接触するよりも、議員への陳情や全国紙の見出しになるような調査研究の委託によって、カリキュラムにより強い影響を与えることができる。そのように全国的に組織された集団が、主だった国や州の意思決定者に、地方レベルで段階を踏んで実施するのでは国の窮地に善処できないことを説得できたときに、改革は成立する。改革とは、実質的に、カリキュラム統制の仕組みの中で、地方に属していない勢力の切り札なのである。

　このようにみてくると、改革運動とは、外部の機関と地方の学校の交渉の中で、強引に表明された提案である。地方の教育者の立場からすると、この交渉がどのように行われているのか考察してみよう。ある新しい改革をすべての学校に導入することを、学区が望んでいることを校長がちょう

---

5) Decker F. Walker, *Fundamentals of Curriculum* (San Diego : Harcourt Brace, 1990).

ど知ったところだとしよう。さらにいうと、その改革は保護者の間やコミュニティからは強く支持されているが、教師の間では賛否両論ある。校長はとくに賛成でも反対でもない。校長は学校のことを熟知しており、学校を改善するために最も必要とされていることに関しては思うところがある。その改革は校長が考える最重要課題のどれにも直接言及していないが役には立ちそうだし、学校が抱えている急を要しない問題について取り上げてもいる。校長は学校の最も緊要な問題について直接言及していない改革に、学校の乏しい資源を当てることにはあまり乗り気ではない。さらにいうと、校長の予測ではこの改革に抵抗する教師が何人か出るが、この時期に新たな対立を抱え込みたくはない。

　この校長が改革を実行することにより直面する問題を、改革者が予期していたとしよう。改革者は代替教員を雇う資金を出し、その改革や改革を実践する方法について学ぶことができる機関に教師を派遣する。改革者は技術的な支援をするために、1年目はスタッフ1名を学校に複数回派遣することを申し出るとしよう。そのスタッフは、教師と共に働き、批判者からの質問に答える。実質的に改革者は、校長に有利な条件を提示したことになる。学校が改革の実践に尽力することと引き替えに、学校に欠けている資金、時間、専門家を提供するのである。改革者が提供できるものが多くの地方の意思決定者にとって十分なものであれば、その学校で改革は成功を収めるだろう。改革しなければなしえなかった変化が学校にもたらされるのである。その改革運動の背後にいる関係者は、彼らが主張する変革を引き起こすことに成功するだろう。学校の方も資源が増え、専門家が派遣されるという恩恵を得る。よい改革であれば、全員が勝者になるのである。

改革はよいことか

　近年、改革それ自体が批判を受けている[6]。伝統的教育に価値を認める人は、常に改革に反対してきたが、今となっては学校を変えたいと思っている人の多くも改革を疑問視している。近年の改革は、アメリカの教育をほとんど改善していないというのである。非識字率は今なお受け入れがたいほど高い。アメリカの生徒の基準テストの成績は、他の先進国と比べて

依然として低い。学校の中途退学率は、それを下げようとする改革が行われているにもかかわらず、ほとんど変わらない。企業は、英語や数学の基礎技能を問う入社試験に合格できる労働者を確保することは、いまだに難しいと不満をもらしている。改革者は、教育を変えるために、バウチャー、営利目的の民間企業が運営する公立学校、進級の条件となる算数・数学や読み方に関するハイ・ステイクスなテストといった、より徹底した手法を求めている。同様に多くの教育者によると、学校の通常業務や、学校を段階的に変えようとする試みに対して繰り返し行われてきた改革運動の効果は弱まっている。経験を積んだ教師は、教え方や教える内容を変えることを何度も要求され、しかもその要求は矛盾をはらんでいたので、疑心暗鬼になっている。彼らは、承認してもいない変化を求められて苦々しく思っている。その変化に価値を見いだせないときにはとくにそうである。後に続く改革がその前の改革とは反対の方向に向かい、まるで振り子のように見えるときの困惑は非常に大きい。学校のカリキュラムを個々の生徒のニーズに合わせようとするほとんどすべての改革の直後には、伝統的な学習や大人社会の経済的なニーズを強調する改革が行われてきた。

　にもかかわらず、改革は当たり前のことになっている。改革は今や、アメリカ教育制度の通常業務の一部となっている。一度でも学校教育制度が問題にされると、改革がすぐにその制度に取り入れられる。学校の変革を主張する組織のすべてが今では、どのようにして改革を始めればよいか知っている。名の知れたはっきりと物が言える代弁者を集めて会議を開く、メディアの注目を集める、派手な実験のスポンサーになる、といったことをするのである。彼らにとってそれは、とりうる方策の中の一つの選択肢にすぎない。地方の学校の手慣れた指導者は、後々のことを考え、改革を計算に入れて計画を立てる。彼らは数年ごとに改革が行われることを見込んで、次の改革になりそうな候補を見定め、会議や専門書でそれについて勉強しておく。地方の学校の賢明な指導者は、学校で必要とされると思われる改善計画を立てておき、それと似た見解を説く改革が施行されるまでとっておく。時が来たらその案を取り出して、施行される改革の中で

---

6) Tyack and Cuban, *Thinking Toward Utopia*, and also Elmore and McLaughlin, *Steady Work*.

実行するのである。改革に対する冷めた見方が、経験を積んだ教育者の会話には見え隠れする。多くの教師や校長は、いちいち改革に対応するようなことはしない。他の改革がそうであったように、その改革も1、2年で通り過ぎると確信しているのである。学校の実践に大きなインパクトを与える改革を期待する者は、今では数少ない。

改革が成功しない理由については様々な解釈がある。元来学校教育は保守的であるという指摘がある。歴史家のルース・M・エルソンは、この200年間にアメリカの学校で使用された教科書を調査した結果、学校は「伝統の守護者」であり、最新の流れを犠牲にして現状を維持するのが常であったとしている[7]。戦いに疲れた改革者は、「制度」が変化に抵抗すると主張している。地方の教育者の代弁者は、学校の現実を理解していない部外者が、無思慮な改革案の重荷を執拗に押しつけてくることに対する徒労感が強まっているとする。彼らによると、変化には時間とお金がかかるが、改革者がかけようと思っている、あるいは実際にかけることができること以上の時間や金がかかるのが現実である。彼らはまた、多くの改革は真に国が必要としていることではなく、有力な特定勢力の思惑を反映していると非難している。以上にみたように、改革とは、国の利益と地方の利益の間で進められている交渉過程の一部ともみなせるのであり、地方分権、すなわち権力の分配と、共通カリキュラムを同時に求めるという、アメリカの対立的な願望を反映しているのである。

改革：賛成と反対

改革という現象に関しては様々な見方があるが、カリキュラム改善の手段として改革を肯定する意見はいくつもある。

- 改革は、民主政治というアメリカの伝統に合致している。改革は開かれており、すべての人が参加できる。個人が主導権を握ることも、利益集団が主導権を握ることも等しく奨励される。公式・非公式の勢力が混ざり合う。州政府と地方自治体の根本的な権限を尊重する。問題は公の場で広く議論される。
- 改革が地方の学校に与える影響は、通常は各学校次第であり、最悪の

場合は強制的になるが、義務化されるまでに至るのはまれである。地方の学校は普通であれば手を引くことができる。どのような場合であっても、地方の学校や一人ひとりの教師に対する管理は概して緩い。不服従に対する罰則も同様に軽い。
- 改革は、地方レベルで公立学校に対する正規のガバナンスが法的に認められていない多くの集団や関係者にも、法的な権限を与える。
- 改革は、実験や革新を促進する。実施されている教育革新の数においても種類においてもアメリカに比肩する国はなく、その改革の伝統は賞賛に値する。

その一方において、改革に対する厳しい批判もいくつか想定される。

- 改革は政治的に機能する。改革案の長所が、冷静に、公平に、客観的に論じられることはめったにない。その代わりに、改革を賞賛するにせよ非難するにせよ、特定の立場に偏った言葉で論じられるのである。医療措置が、その効果に関する証拠ではなく、その措置の支持者の数に基づいて決定されるとしたら私たちはどう思うだろうか！
- 改革は、ノウハウ、資金、影響力がある者を好む。改革をうまく促進するためには、主だった意思決定者が誰かということや、その人にどのように働きかけるかということを把握していなければならないし、それを把握できるだけの影響力や現金をもっていなければならない。ほとんどの教師や保護者は、舞台裏では改革をめぐる政治的な争いが絶えず行われていることに気づいていない。
- 改革は、支離滅裂で、複雑で、非効率的である。無駄な労力が空費され続けている。ある集団が先頭に立って、ひっきりなしに改革を立ち上げる。前の改革の効果に反対する、反改革が起こる。改革が改革を呼んでいるかのようである。
- ほとんどの改革は、その改革が謳っている目標を達成しようとすらしていない。多少の影響は与えるが、多くの関心を集めた緊要な国の問題を解決しないし、そもそも問題に取り組もうとすらしないことがほ

---

7) Ruth Miller Elson, *Guardians of Tradition* (Lincoln : University of Nebraska Press, 1964).

とんどである。

かくして改革に対する成績表には賛否両論あるようだ。にもかかわらず、よりよい方法が出てくるまでは、改革は依然として魅力的な選択肢であるとみなす者もいる。彼らは、必要であるにもかかわらず無視されてきたと思われることに、学校がこれまで以上にしっかりと取り組むことを望んでいる。

改革と共に働く

歓迎するかしないかにかかわらず、改革は教育者にとって職業上の現実であり、対処法を見つける必要がある。教師が改革に対してとりうる責任ある立場は四つある。ほとんどの教師は、この四つの中のいずれかを組み合わせた立場をとっていると考えられる。

1. **改革を受け入れる**。改革を学び、採用し、自分の仕事の中で可能な限り利用しなさい。自分がいるところで改革を擁護しなさい。同僚を支え、助けなさい。保護者、コミュニティ、その他の人に説明しなさい。反対者と討論しなさい。全国組織に加盟しなさい。全国組織の役職に就いて、実験プログラムの現場担当教師となったり、全国ネットワークの一部をとりまとめたりしなさい。
2. **改革に抵抗する**。改革を研究し、反対意見を述べなさい。反対する理由について、推進派、同僚、その他の人と議論しなさい。地元の協議会で発言し、質問し、反論し、改革の支持者と討論しなさい。できるだけ自分の仕事に改革を取り入れないようにして、専門家としてあなたが最善と思う判断に反することが強制されたときには、学校を指導する立場にある者に抗議しなさい。改革に反対するグループに参加しなさい。
3. **改革を自分の目的に合わせる**。改革を研究し、できるだけのことを学びなさい。それにより、自分が置かれている状況において、教育を改善する可能性が最もあると考えられることを明らかにしなさい。重要であるか疑わしかったり、自分が置かれている状況では事態を悪化させるおそれがあったりすることも明らかにしなさい。改革の様々な

特徴について、その妥当性を、推進派、批判者、同僚と議論しなさい。良い特徴は生かして悪い特徴は避ける方法を見つけるか、自分が置かれている状況で最善の結果が得られるように変える方法を見つけなさい。
4. **改革を無視する。**多くの改革が立ち上げられるが、そのすべてに対応することは誰にもできない。自分が置かれている状況に適していない改革に対して、教師が責任をもってできる唯一のことは、その改革を無視することである。しかしながら、適切で重要な改革であるにもかかわらず、過ぎ去ることを願って無視することは、教師にとっても生徒にとっても賢明ではない。すぐに対応しないでいることは、問題ありと思われる改革への最も容易な対処法である。しかし、そのような態度をとると、学校で進められている改革に対する影響力を失い、他の人が決めたことすべてに従わざるをえなくなる。改革と向き合い、受け入れるか反対するかした方がよいだろう。

どの立場を選ぶとしても、改革に関する次の諸点は心にとめておくべきである：

- どの改革も、ある集団が学校を改善する上で最優先していることを反映している。あなたがその集団は間違っていると思ったとしても、必要と信じる改革を主張する権利は認められなければならない。彼らは教育の改善に十分関心をもっており、改善するために資金、労力、資源を投入しているのである。彼らの主張にも公平に耳を傾けるべきである。本当の専門家というのは、聞くだけではなく、対話に参加する。自分が支持していない改革であればこそ、対話が求められるのである。
- すべての改革は、教育に何らかのよい影響を与えるものである。あなたや他の人が、ある改革に何も価値を見いだせないというときには、用心しなければならない。反対者はその改革に価値はないと言うだろうが、それでは改革の本質を見極めることはできない。一片の真実を探し求めるあまり、細事にこだわり大事を逸することがないようにしなければならない。

- 完全な改革などない。あなたや他の人が申し分のない改革だと思うときには、用心しなければならない。どのような状況下でも、すべての人にとって完全によい行動などないのである。限界や、改革案に潜む問題を探して、その問題を防ぐ方法を見つけようとしなければならない。
- 教育の専門家として、常に事実を正しくとらえるように努めなければならない。擁護者や批判者は改革にのめり込むあまり、バランス感覚を失ってしまうことがある。学校や教室に責任を負う教育者がそうなるわけにはいかない。子どもたちが被害を受けるおそれがあるからである。責任ある教育者は、改革者や反対者の価値観だけではなく、学校内の多様な価値観に敏感でなければならない。
- 改革は、うまく実現することができれば、教師にも生徒にも必ずやよい結果をもたらす。原理的には重要であっても、手に負えないほど多くの時間、教授技術、教える内容に関する知識などが必要になるのでは、今行われている教育プログラムよりもかえってひどいことになるかもしれない。どうしてもその改革を望むのなら、それを実現できる条件を整えなければならない。
- 改革の提案は、教師にはどうすることもできない現実ではない。専門家として最適と思える方法で改革に着手しなければならない。あなたがまず責任を負うべきは、生徒の生活や学習である。

カリキュラムの現在と未来

　アメリカの学校のカリキュラムは常にとどまることなく変化し、アメリカ社会の移り変わりを反映してきた。アメリカ人は、子どもたちが変わりゆく世界で生きていけるようにすることを学校に期待してきた。この国を突き動かしてきた力は今なお健在で、カリキュラムを変化させる勢いも依然として強い。

　資本主義の市場経済によって、職場は絶えず変化している。そのために不安定な状態となっていることから、アメリカ人は子どもたちに競争力を身につけさせようとしている。現在、多くのアメリカ人は、学校が学力の基準をあげれば、子どもたちの競争力も上がると信じている。と同時に、

移民の国は、国の基盤を絶えず更新しなければアイデンティティを失うことにもなる。それゆえに、学校がどのようにして公民教育や政治教育を行うかという問題に対する関心もやはり今なお高い。学校は移民の子どもたちに、バイリンガルの異文化間カリキュラムを提供すべきなのだろうか、それとも、現行通り英語で行うカリキュラムを提供すべきなのだろうか。多くの熱心な宗教的コミュニティを包括する国教がない国では、公立学校で宗教をどう扱うかという問題にも絶えず対応が迫られる。学校は常に非宗教的であるべきなのか、それとも、学校において何らかのかたちで生徒が宗教的な学習を行えるようにするべきなのか。市場主導経済の中の学校は、若者がお金の稼ぎ方だけではなく使い方について、情報に基づいて判断できるようにするために、経済の学習を扱うべきなのか。科学や科学技術を進歩の原動力とする国は、知識の爆発的な発展についていく速度を速めなければならない。現在ではほとんどの生徒が、数学と代数幾何の一部を学ぶ。確立、統計、微積分、数理論理学、コンピュータ数学といった近代数学部門は近代科学や工学の基本であるが、今よりもどれほど多くのことを生徒に学習させようとすることが現実的なのか。

　そのような古くから繰り返されている問題に加えて、アメリカは今、新しい問題に直面している。離婚率が急上昇し、学校に通っている間、安定した核家族のもとで生活する子どもの数も減っている。両親がいる家庭であっても共働きの場合があり、子どものために割かれる時間は少なくなっている。学校はこのような動向を無視すべきなのか、それとも、かつては家庭が果たしていた精神的・社会的義務の一部を担うように変わるべきなのだろうか。多くの子どもや若者は、携帯、MP3プレーヤー、その他のインターネット上の個人的な空間を持つことが当たり前と思っている。オンラインで交信したり、人気の音楽や映画をダウンロードして見たり聴いたりすることに費やされる時間は、学校で過ごす時間を上回っている。子どもや若者が入手できる情報や受けとるメッセージは、彼らが家庭のみならず学校から得ている、何が重要であり、何が知る価値や行う価値があるかということに関するメッセージをはるかに凌駕しているし、矛盾している場合もある。子どもや若者が意義を認めている科学技術を、学校はどのようにして利用していくべきなのか。その科学技術を通して伝えられる価値に、学校はどうすれば影響を及ぼすことができるのだろうか。学校はメ

ディアを無視すべきなのか、メディアに合わせて変わるべきなのか。

　現在、学校教育の制度的基盤は、公立学校制度が19世紀に創設されて以来最大の難問に直面している。異なる種類の学校がサービスを競い合うようにするために、公立学校による事実上の独占を終わらせたいと思っている人も多い。チャーター・スクール、ホーム・スクーリング、公立ではない学校の授業料を生徒が支払うために政府がバウチャーを発行するという提案、それに伴う民間企業に対する公教育の一部の委託といったことは、そのような願いを反映している。

　アメリカ社会全体を通じて、大きくて官僚的な組織は、より小さく、目的が明確で、柔軟で、環境の変化に合わせて協力したり競争したりする組織のネットワークに取って代わられている。公立学校制度の官僚組織は、古くからある工業モデルの組織を反映しているが、最終的には情報科学技術を駆使してネットワーク化された現代的組織に道を譲ることだろう。科学技術を手にすることにより子どもたちは、どこで生活し、学ぶとしても、幅広い学習機会――教室、家庭、図書館、教会、地域の組織など――を無限に利用することができるだろう。

　そのような制度的構造上の変化は、カリキュラムにどのような意味をもつのだろうか。一見、独立した学校からなるネットワークが、より多様なカリキュラムを幅広く提供するようにも思える。しかし、国家基準が受容されたら、そのネットワークを通じて、共通カリキュラムの基礎が提供されることになるだろう。その場合、学校制度の構造が大幅に変わったとしても、カリキュラムは少ししか変わらないだろう。

　アメリカ人はこのようなカリキュラム問題を、政策決定の仕組みにつきつけている。政策決定においては、利害集団が意思決定の力関係において優位に立とうと競い合っている。近年主流となっている連立は、国家基準を学力向上の手段として支持している。ビジネス界は、それによって経済的な競争力が向上することを期待している。大学教授は国家基準を、カレッジ入学前のカリキュラムの核となる、伝統的な教科内容の学習を再建する方法の一つとみなしている。保守主義者や伝統主義者は、伝統的な学校教育観の維持という観点から国家基準を歓迎している。行政の支援が行き届いていない人たちのために活動している多くの人は、成果をあげていない学校の失敗を明るみに出すことで改善につなげられると考えて、基準

を支持している。多くの一般市民は、基準を賢明な行動目標とみなしている。

　現在、影響を及ぼそうと争っているその他の集団は主に、学会や専門家の集団を母体としている。この集団は、学校に基礎をおく改革や、教師中心の改革を方法として支持する点において、緩やかに結びついている。彼らは、人間の学び方、すなわち、有意味な相互作用による共同的な知識の構成に関する近年の見解を支持している。そのような見解からは、生徒が小グループで共同し、教師の指導を受けながら、複雑で現実的な問題を解決することを重視する教育学が導き出されている。この集団や彼らの主張は、学会や専門家集団の中でこそ大きな影響力をもっているが、ビジネス、大衆、政治家などから支持されるまでには至っていない。

　変革の気運は高まっているが、以上の分析においては、大きな戦争、革命、病気、世界経済の破綻などによる悲劇的な変化の可能性については何も議論されていない。アメリカ人は、そのような変化から生ずる圧力にどう対応したらよいのだろうか。歴史的にアメリカ人は、変化を受け入れてきた。変化は進歩を意味し、それに伴う損失は、その進歩のための小さな犠牲であった。もしこの伝統的な楽観主義が通用するなら、私たちは大いなる革新を期待すべきである。しかし、多くのアメリカ人は今、変化を恐れている。経済の変化により、仕事が失われただけではなく、大手銀行、名が知れた大企業、製造産業全体までが失われてしまった。アメリカ人は家族の崩壊という精神的な傷を、個々に負ってきた。共働きをしながら家庭を必死に守ろうとしてきた。グローバルな競争に直面して企業を守ることに奮闘してきた。住宅に投資した資金や、退職金を失うという事態に直面してきた。地球温暖化、環境破壊、公害といった問題について、何かで読んで知るか、有毒廃棄物、含鉛ペイント、アスベストなどの問題が自分の家や近隣で発覚し、身をもって経験してきた。戦争がテロリズムに与える影響を心配している。醜聞が政府に対する信頼を損ねてきた。多くのアメリカ人は変化を見るのはもう十分だと感じている。すでに飲み込んでしまった変化を消化し、来たるべきことに備える時間的余裕が欲しいと思っている。世界は根本から変わってしまったために、適応が厳しく迫られ続けることを懸念する人も多い。そのような状況の中でバランスをとる方法を見つけ出さなければ、宗教の過激主義の再興にみるような超保守的な勢

力につけこまれかねない。

　このような不確実性の時代にあって、確信をもって言えるのは次の二つのことだけである。第一は、アメリカの学校のカリキュラムを形成するための戦いはこれからも続くということである。改革が立ち上げられ、支持を得たり、反対されたりして、論争が巻き起こるのである。第二は、アメリカの学校のカリキュラムは変化するが、それはゆっくりとした変化になるということである。特定の改革を採用して、急激なカリキュラムの変化を経験する学校や学校制度もあるだろう。しかし、概して学校制度のカリキュラムの変化は、ゆっくりとしたものになるだろう。多くの改革は普及に失敗するか、普及する過程で薄められたり手を加えられたりするからである。カリキュラムの変革が成功して、アメリカの子どもたちが、日々直面する変わりゆく状況に、建設的に適応できるようになることを願うばかりである。

　以上でカリキュラムと目的に関する考察は終え、残すところ最終章の事例研究における議論や考察のみとなった。教育の目的に関する抽象的な思想から、教育改革の現実的な政治問題まで、ずいぶん遠くまで旅してきた。その途中では、一般教育に関する見解、教育内容について考える方法、カリキュラム作成の手続きなどを訪れた。この旅を通して、大いに考えることができたのではないだろうか。また、カリキュラムが教授において果たしている必要不可欠な役割に対する意識も高まったのではないだろうか。

　本章では、カリキュラムは大きくて多様な影響を与えるが、教師としてあなたはその仕組みの一部に位置しているという自覚を促そうとした。一部だからといって、教師としてのあなたの重要性が低くなるわけではない。生徒が教室で出会うカリキュラムを変える（あるいは変えない）のは、何といっても、教師であるあなたなのだから。あなたにはカリキュラムを変える手段がある。その手段は、カリキュラムが影響を与える仕組みの中で他の人が持っているどの手段よりも直接的で強力であり、なおかつ繊細で的確なものとなる可能性を秘めている。この民主主義社会では、世代間や大陸間の多文化的な人間のつながりが絶えず再構成されている。そのつながりにおいてあなたは、本当の意味において、次の世代に考えうる

最高の教育を与えるための最も重要で要となる存在である。カリキュラムは絶えず再構成されるが、教室という世界の縮図においてその影響を最終的に、最も強く受けることになるのは、あなたとあなたの生徒なのである。

さらなる探究のために

Brown Center on Education Policy. www.brookings.edu/brown.aspx
　　ブルッキング研究所の一部門であるブラウン教育政策センターが、アメリカ教育の問題を検討してその解決策について議論している。ウェブサイトでは、教育政策に関する様々な資料を、出版物を含めて紹介している。

Gee, James Paul. "Critical Issues : Reading and the New Literacy Studies : Reframing the National Academy of Sciences Report on Reading." *Journal of Literacy Research* 31 (3), 1999 : 355-374.
　　読み方に関する国の報告書が、どのようして新たな研究について考えることを刺激したか、また、その研究に関する検討が逆にその報告書をどのように再構成したかを示す事例。

Goodlad, John I., and Klein, Mary Frances. *Behind the Classroom Door.* Worthington, OH : Charles A. Jones, 1970.
　　古典的な学校研究であり、1960年代の大規模な改革の取り組みが教室に導入されたときに起こったことを明らかにしている。書名が示すように、研究者が何を学んだかということや、改革に対してどのような示唆が得られるかということが論じられている。

Guthrie, James W. "Next Needed Steps in the Evolution of American Education Finance and Policy : Attenuating a Judicially Imposed Policy Distraction, Activating a Balanced Portfolio of K-12 School Reforms, Advancing Rationality as a Goal in Pursuing Productivity, Advocating Change in a Responsible and Effective Manner." *Peabody Journal of Education*, 83 (April 2008): 259-284.
　　体系的で明確な政策を欠くと、改革の効果が限定されることについて論じられている。基準、カリキュラム、司法の介入に頼りすぎることは学校改革の妨げとなることを示唆している。

Snyder, J., Bolin, F. S., and Zumwalt, K. K. "Curriculum Implementation," In Philip W. Jackson, *Handbook of Research on Curriculum* (pp.402-435). New York : Macmillan, 1992.
　　カリキュラムを実践に移した場合にどのようなことが起こるかということについて、実践に関する事例研究史とカリキュラム観の両面から考察した研究を概観している。カリキュラムを実践に移すということについて、より現実的に、より深く考察するにはどうすればよいか提案している。

State Legislative Resource Center, Communities for Qualitative Education Website. www.qualityednow.org/statelegalresource/conference2005

立法者が重要な問題に関する最新情報を入手するための、オンラインの情報源。「一人も落ちこぼれを出さない」法の欠点を論じている情報を立法者が入手して、国に対抗できるようにしている。教師やカリキュラムの研究者に情報を提供しており、とりわけ興味深いのは2005年の州議会議員教育サミットでの発表論文である。その中のリンダ・ダーリング－ハモンドによる「学習者の国のための教授、一人も落ちこぼれを出さないために本当に必要なこと」（パワーポイントのファイル）では、「一人も落ちこぼれを出さない」法がとくに高校のカリキュラムに対して意味することが明らかにされている。

Stanley, Manfred. *Social Science and Legitimate Policy Discourse : American Public Education as a Case Instance*. ERIC document EJ226611.

　自由民主主義における教育政策論議の動向を検討している。アメリカの教育は危機に瀕しているが、この危機は自由意思論者（リバータリアン）による技術官僚主義（テクノクラシー）社会の出現により緩和されるとしている。

Teachers Network Leadership Institute (TNLI) website. http://teachersnetwork.org/tnli/index.htm

　自分たちのアクションリサーチや政策提言を公開しているTNLI会員の教師を取り上げたサイト。改革に関わるカリキュラムや教授の様々な問題についての研究や支援運動に興味がある会員以外の教師に有益な、様々な情報が得られる。

Making Teaching Public. http://www.tcrecord.org/makingteachingpublic/

　研究者であるトム・ハッチとデザレイ・ポインターが、学校の実践家との共同研究により開発した、国や学年を超えた様々な環境における教授と学習の複雑性をとらえるための七つの「デジタル展示」を取り上げたウェブサイト。その一部として、教えることやカリキュラムの決定における教師の役割を、教師や教師以外の関係者がとらえやすくする試みが収録されている。

第8章
事例と論争

　ここまでのところでは、カリキュラムと目的について考えるいくつかの方法について検討し、その途中で実際に考えてもらった。本章の事例と論争により、理論と実践や、考えることと行動することを、できるだけ近づけてみたい。教育の現実の世界がいかに複雑であるかということにも、目を向けるようにしたい。考え、意思決定し、責任をもって行動する必要があるのは、まさにそこにおいてなのだから。

　本書で示したカリキュラムと目的の見方を理解したり活用したりすることができるように、この最後の章では、現実的な場面を、事例、対話、論争といった形式で提示し、本文中で直接詳しく取り扱わなかったいくつかの問題を取り上げる。その事例などを読みながら、そこに含まれている問題について考え、他の人と議論してみてほしい。様々な基本的な視点からカリキュラムと目的について考えられるようになると、教師や行政官の行動の仕方が変化する。あなたにもその理由がわかるようになるはずである。実践と無関係な、難解で理論的な概念を本書で取り上げてきたわけではないということもわかるだろう。

　以下に続く事例と論争は、あなた自身も含む教育者による個別的あるいは共同的なカリキュラム実践は、人々の生活や、私たちすべてが生きている社会に深い影響を与える可能性があり、現に影響を与えているということを明確に示している。教育の専門家として私たちはみな、その影響を熟慮し、監視し、道徳的にそうすべき場合には修正する責任を負っているのである。ここでの事例と論争は、責任感のある専門家としての教育者がなすべきことに対する感受性を高めることをめざしている。

　ここで取り上げられているトピックスや、その中で問題とされていることの要点を概観できるように、一覧表を用意した（**表1参照**）。その中か

らとくに興味がある事例や論争を選んでもよい。もちろん、今実際に存在する、あるいは存在する可能性があるトピックスや問題をすべて網羅することはできていない。本書を使用するときに注目を集めているであろうことも予測できていない。あなた自身で事例や論争を自由に書いたり、自分自身の経験に基づく問題をクラスで議論したりしてみてほしい。

　各章での指示にしたがって、すでに事例や論争に実際に取り組んでみたという人もいるだろう。どの問題がどの章に関連するお勧めの問題であるかを示すために、一覧中の各事例と論争の題目の後に、章の数字を括弧にいれて記しておいた。もちろん、自分の興味や目的に合わせてどれから始めてもかまわない。

カリキュラムの変化

　スーザン・シンは、ベイリー高校という大きな公立高校で、ドイツ語を教えていた。ベイリー高校で教えてもう2年になり、自分ではうまくいっていると思っていた。自分の仕事が好きだった。生徒はきちんと学習していた。そんな生徒たちのことが好きだった。そして、やはりドイツ語を教えていた同僚と働くことも楽しかった。マックスは教え始めてから12年になる。スーザンはマックスの助言を尊重し、マックスもいつも喜んで手助けしてくれた。

　8月のある日、新年度が始まる前のこと、マックスがスーザンの部屋に、ドイツ語カリキュラムの再編案をもってやってきた。彼の話しでは、外国語教育に関して国が最近出した報告によると、ほとんどの生徒は、卒業後も習った言葉で流暢に会話することができなかった。マックスによると、新年度が始まる夏の間に、語学を教えている教師向けのワークショップに参加して、全く異なる教授法をみてきたという。その方法は、実際に言葉を使う環境に身を置いて、教師と生徒の間で次から次へと言葉のやりとりをすることを強調するものであった。言葉を生徒の身体にしみこませるのがねらいであった。生徒たちは、英語でどう言うかを考えて頭の中で翻訳するのではなく、習っている言葉で実際に考えるのである。それゆえ、考える暇を与えないように、スピードをあげてやりとりする。教科書を使っての文法の練習問題や、単語リストの学習は重視されなかった。

表1　事例と論争一覧

頁	タイトル*	主な課題
152	カリキュラムの変化(1)	カリキュラムを変えることに教師はどこまで関わる必要があるか。
154	自由と学習(2)	理想の目的と現実が対立する場合どうすればよいか。
157	生活のための教育(2)	進歩主義のカリキュラムと伝統主義のカリキュラムのどちらが生活の準備に適しているか。
158	労働のための学校(2)	効果的なカリキュラムは、職業上の機会を限定してしまうのか。
160	個人差と機会均等(3)	社会にとってよいことは、個人にとってもよいことなのか。
162	大衆文化か上流階級の文化か(3)	大衆文化はカリキュラムに取り入れられるべきか。
164	教育と公平性―学力格差の縮小(3)	基準は改革の決め手となるのか。
166	凧あげに行こう(3)	同じ教材でも考え方が異なると、異なる学習が行われることになるのか。
168	個別化された学習(4)	一人ひとりの子どものためのカリキュラムは必要か。
169	成績をつける方針(4)	成績のルールとカリキュラム観は結びついているか。
171	社会科のカリキュラム(4)	最も教師に有益なカリキュラムの概念化はどれか。
172	十人十色(5)	現場レベルでのカリキュラム統制など実際にはありえないことなのか、それとも現実なのか。
174	手続きは重要か(5)	カリキュラム作成の手続きにはバイアスがかかっているものなのか。
176	「適切な」文学を教える(5)	状況を構成する要因をカリキュラム作成に取り入れるにはどうすればよいのか。
177	批評家としての教師(6)	現実問題に教育研究はどう関わるべきか。
180	理論と実践(6)	理論は実践に対してどのような関係にあるのか。
181	ある学校の教育哲学(7)	学校ではすべての教師が同じ教育哲学をもつべきか。
182	誰の目的が問題か(7)	目的について不一致がある場合にはどう対応すべきか。

*タイトル後のカッコ内の数字は、事例あるいは論争を用いるとよい章を示している。

マックスとスーザンのこれまでの教え方とは正反対だった。

　マックスはこの新しいカリキュラムにとても熱心で、自分のクラスに導入してみるつもりであり、スーザンもそうすべきだと言った。優れた方法だからというだけではなく、ドイツ語プログラムに一貫性があれば何よりも生徒によいからだ。

　マックスが去った後でもう一度考えてみたが、スーザンにはどうもしっくりこなかった。新しいカリキュラムは面白そうだが、強く惹かれるというわけでもなかった。彼女はいつも授業中に会話を取り入れていた。おおむね生徒たちはよくやっていた。だから、カリキュラムを代える理由がよくわからなかった。かといって、マックスが提案した新しいプログラムに反対する理由も見つからなかった。ワークショップに参加したことはなかったが、マックスが時間をとって教材や方法について説明してくれるだろう。新しいテクニックを使いこなす自信は大いにあったが、自分の教え方にはどうもなじまなかった。スーザンの教え方は、マックスの教え方よりも生徒に対する指示が多かったのだ。さらにいうと、マックスは新しいプログラムにかなり前向きで、彼の判断はこれまでのところいつも正しかった。スーザンには正当な理由もなく断ることはできなかった。マックスはスーザンより年上でもあった。この問題についてもっと考えてみたかったが残された時間は少なくなっており、学校がもうすぐ始まるから計画を立てなければならない。どうすればよいだろう。

　スーザンはマックスの計画に賛成すべきか。マックスの言う通りにすると、どのような長所と短所があるか。言う通りにしなかったらどうなるだろうか。スーザンが他にとりうる道はあるか。あなたがスーザンだったらどうするか。あなたの見解をマックスにどう説明するか。教師は自分が教えているカリキュラムについて、納得がいく説明ができなければならないのか。そこまでカリキュラムに深く関与しなければならないのか。

自由と学習

　ヒルズデイル・オルタナティブ高校（「A」校）［オルタナティブ・スクールとは、既存の学校制度とは異なる理念や教授法・カリキュラムによる学校。

「オルタナティブ」は「既存のものに取って代わる、非体制的、型にはまらない、伝統・慣習にとらわれない」といった意味がある。］は、開校してもう10年になる。同校の基本方針は今でも、自由の原理と、参加による自己決定の原理である。新年度開始時には、教師、生徒、意欲的な保護者が集まって、学校コミュニティを構成し、必要とされているカリキュラムについて再考して改善を加える。また、行動上の決めごと、納得できる成績のつけ方、社会生活や学習上の問題への対応策などについて合意を形成するのである。

　フマム・モハマディは、普通高校で社会科を5年間教えていたが、このたび希望していたその「A」校への異動が認められ、喜んでいた。自由や自己決定の雰囲気は、真の有意味な学びに資するというのが彼の信条であった。ところが、その基本的な信念を疑いたくなるような思いをすることになった。

　学校が始まって1週目は、学校コミュニティで最初に話し合った「カリキュラムと校則」はうまくいっていた。授業については、標準的な教科と、興味を惹く講座をいくつか、適度に混ぜ合わせることが認められていた。また、授業への出席は任意であること、成績は合否でつけること、学習上や社会生活上の本当に深刻な問題だけが生徒と保護者が組織運営する委員会に持ち込まれることなども合意を得ていた。ささいな規則は取り扱わない、成績で脅して競い合わせるようなことはしない、教科の自由選択制の導入といった、有意味な学びのために最高の条件が整えられているので、自分にとっても生徒にとっても、よい年になりそうだとフマムは思っていた。

　ところが、2ヶ月目に入る頃になると、ヒルズデイル「A」はうまくいっていないようだった。生徒は授業に出るよりも、中庭で日光浴する方を選んだ。生徒の大半は、興味を惹く講座しかとらなかった。フマムが教えていた正規の科目では、期末前に詰め込めば単位はとれるだろうと見くびって、予習をする者はほとんどいなかった。そんなわけで宿題は誰もやってこないので教えづらかった。まじめな生徒や、フマムも含むほとんどの教師はいらだった。子どもをカレッジに行かせたいと思っている保護者からは苦情が寄せられた。フマムはヒルズデイル「A」への異動を希望したのは、間違いだったのではないかと思うようになった。収拾がつかな

くなってきたようだった。

　この状況に対処するために、学校コミュニティが再度招集された。問題は深刻だから、再検討して新たにやり直す必要があるということになった。「A」校のベテラン教師の多くは、個人の成長のための自由や、自分で選んで決めることに責任を負うことを学ぶ重要性を説いた。彼らは、今年の経験は、来年の授業のよい教訓になるとした。しかし、多くの保護者は、今年の規則のままで今の状態が続くのを放置したら、子どもたちはこの一年を棒に振ることになるし、卒業する最上級生はカレッジに進学できなくなるのではないかと反論した。驚いたことに、数名の生徒は自由を享受していたことを認めていたにもかかわらず、退屈、規律の欠如、授業やカリキュラムに体系性がないといった不満をもらした。その生徒たちは改革を望んだ。他の生徒たちは今まで通りがよいとした。現状に満足していたし、最初の「契約」を尊重してほしいというのである。

　ある新任の女性教師が立ち上がって解決策を提案した。彼女いわく、自由と自己決定について理性的な判断をすべきときに来ていた。「その原理がよからぬ結果を招いているということは、それが間違っているということです」と彼女は言った。生徒が自由に選択できる範囲を限定し、客観的な成績の出し方を確立し、もっと勉強する必要があるカリキュラムをつくり、より厳格な行動基準を強いるという方法を提案した。

　フマムは自分でも驚いてしまったのだが、気づくと立ち上がって叫んでいた。「そんなことをしたら、うちの学校が大事にしてきた根本の哲学が損なわれてしまう！」と。顔を真っ赤にして狼狽しながら腰を下ろしてあたりをうかがったが、賛同は得られなかったようである。

　この事例の結末を考えてみよう。（生徒、教師、保護者の役をロールプレイで演じるのも、基本的な問題を指摘するのに役立つだろう。）生徒、教師、保護者からなる学校コミュニティは、これまで通り自由の尊重に努めるべきか、それとも最善の学習を実現するためにそれを断念すべきか。自由が無秩序にならないようにしながら、学習の基礎とすることはできるのだろうか。ヒルズデイル「A」校はルソー的か、デューイ的か。教師たちが直面しているジレンマは、自由という概念について何を暗示しているか。カリキュラムという概念についてはどうか。自由と責任を対立させることな

く問題に取り組む他の方法はないだろうか。

生活のための教育

P （Progressive：進歩主義者）：私たちが過去から学んできたことがあるとすればそれは、未来は予測できないということです。20世紀になるまでは、原子を分裂させることなどできないと考えられていましたし、核廃棄物や核戦争といった問題は誰にも予見できませんでした。それゆえに教育者は、今わかっていると思われることを教えるだけでは満足できないのです。どのように考え、問題を解決するかということを教えることにより、未来に向けて準備できるようにしなければなりません。

T （Traditionalist：伝統主義者）：問題解決はもちろん重要だし、未来がどうなるかわからないというのも確かです。しかし、未来と対峙するための最善策は、人類がこれまでに手にしてきた、人間や世界に関する豊かな知識を身につけることであり、批判的思考の技能をただ身につければよいというわけではありません。実際、批判的思考は、科学、哲学、さらには芸術を学ぶことを通して、最もよく教えられるのです。私たちの文化遺産に埋め込まれている批判的な思考様式は、そのような内容を教えることによって伝達されうるのです。

P：そうではありません。批判的思考や問題解決の技能が最もよく学べるのは、伝統的教科に関する本や講義を通してではなく、現実の生活状況において実験したり、うまく適応したりすることを通してです。学校教育が行き過ぎると、現実の世界から遊離した伝統を頭の中で重んじることになってしまいます。そうなったら、生活と、学校で学習することとの間に、生徒が結びつきを見いだせなくなるでしょう。私たちは、学びを有意味なものとしなければなりません。そして、そのような学びが成立するのは、生活から切り離されたことを勉強させられるのではなく、興味がもてることを勉強する機会が与えられるときだけなのです。

T：しかし、生徒はまだ若すぎて、何が有意味なことなのかわかりません。内容が充実した昔ながらの教育がもたらす豊かな見返りについて

判断できるのは、私たち大人の方です。若者の興味は気まぐれです。今日適切なことも、明日どうなるかわかりません。過去の英知は常に適切です。

P：はっきり言ってしまいましょう！　肉屋や床屋が代数や物理学を知る必要はあるでしょうか。銀行家や店員が化学や古代史を必要としているのでしょうか。政治家にシェイクスピアは必要でしょうか。看護士に哲学は必要でしょうか。普通の人が知る必要があるのは、現実の問題をいかに解決するかということや、どのようにしてよい労働者、よい保護者、よい市民になるかということです。あなたが求めている教育はエリートのための教育であって、善良な普通の人のための教育ではありません。

T：短絡的としか言いようがありません！　よい人生や実り豊かな人生というのは、教育によって高められた人が初めて送ることができるのであり、方法を教えてもらうだけでは十分ではありません。あなたの考えでは、現実的な実用性以上のものは与えられないでしょう。私は人々が豊かな文化的遺産を共有できるようにしたいのです。

　この議論についてあなたはどう思うか。いかなる場合にも価値がある教科は存在するのだろうか。すべての学校で批判的思考や問題解決の技能を教えるべきなのか。教えるべきであるなら、どうやって教えるのか。伝統的知識は現実の生活状況には不適切なのか。そうだとすれば、誰の伝統や知識が不適切なのか。文化的な適切性［文化的なアイデンティティや多様性という観点からみた適切性。］も考慮すべきか。何を学校教育の主たる目的とすべきか。進歩主義のカリキュラムと伝統主義のカリキュラムのどちらが、生活のための最善の準備といえるか。

労働のための学校

　マリア・オルテガが初めて教職に就いたのは、スラムにあるエルモ高校であった。この高校は、薬物乱用と犯罪率が高い、荒廃した地域にあった。どこで働いているか話すと、友人たちは驚き、気の毒がった。そんなところで働かなければならないぐらいなら、教えるのをやめた方がよいと

言われることすらあった。「そうなのですが、誰かがそこで教えなければなりません」、マリアはいつもそう答えた。「誰かが教えないと、そこにいる生徒たちは今の生活から一生抜け出せません。もし大学に行けなかったら、私だってそうなっていたでしょう」。

マリアが教え始めた頃、エルモ高校はスラムにある他の多くの学校と同じような状態で、高い中退率、麻薬や規律の欠如、やる気のない同僚、学校の勉強は自分の生活とは関係がないと思っている生徒などが問題となっていた。そんなときに、ヘクター・ゴメスが校長になった。彼は教育委員会から一任されて、実験的なカリキュラムを開発した。すると事態は一変した。

ゴメス氏が赴任したとき、マリアはエルモ高校の教師2年目だったが、他の同僚たちと同じく、学校を変え、生徒たちの生活をこれまでとは異なるものにしようとする彼の熱意に感銘を受けた。それは今から5年前のことであり、マリアはその後どれほどの変化があったか振り返ってみた。

若者同士のけんかを鎮めたり、窃盗の調査をしたりするために、地元の警察に通報することはほとんどなくなった。学校の廊下はきれいになり、教室間の移動も落ち着いていた。出席率は高く、それに合わせて教職員の士気も高まった。そのすべてが、ゴメス氏のカリスマ的な個性や、学校を職業学校にして、職場体験を地域の協力を得て行うという彼の判断によるものとも思えなかった。ゴメス氏は、地元の企業や小さな工場を訪問して契約を取り付け、校外職場体験という研究課題のインターンとして、生徒を受け入れてもらえるようにした。教師たちは熱心に職場の生徒の元に交代で足を運び、労働の世界を教室にうまく持ち込む方法を見つけようとした。卒業すると多くの生徒たちは、インターンをしたところで職を得た。マリアにはまるで奇跡のようだった！

そんなある日の夕刻、何人かの生徒たちが彼女に会いに来た。その一人が代表してこう言った。「オルテガ先生、私たちが今学んでいるエルモ高校のカリキュラムで、カレッジに出願して先生みたいに教師になることはできますか。進路指導の先生から、そうするには単位が足りないと言われてしまったのですが」。

ゴメス氏の改革は、生徒に現実とふれる機会を与えたのか、それとも体

制に生徒を適応させただけだったのか。もしあなたがマリアだったら、訪ねてきた生徒に何と言ってあげるか。ゴメス氏の目的はよいといえるか。一般教育の目的は、共通の文化をすべてに伝えることにあるべきではないのか。学問を極めることと就職準備は両立しないのか。エルモ高校のカリキュラムを改訂して、マリアの生徒が陥った苦境から抜け出すためにはどうしたらよいか。「カリキュラムを適切なものにすること」はどの程度、今ある権力や特権の構造を維持することにつながるか。

個人差と機会均等

A：すべての者に機会が開かれているこの国では、人々は教育機関によって、その潜在能力の限界まで成長し発達する自由が認められるべきです。結局、個人の長所を伸ばすことは、最終的に社会全体のためになるのではないでしょうか。それゆえ学校は、生徒一人ひとりの固有の才能を明らかにして教育する方法を見つけなければならないのです。全員にすべてのことを教えようとするような、無駄な努力をしてはなりません。音楽や科学の才能がない者に、音楽や科学の領域に長けている者と争わせたり競わせたりするようなことは、非効率的であるばかりではなく、公平ではありません。才能がない音楽家や科学に向いてない人が音楽や科学の必修課程を学ばなくて済むようにすることは、社会全体にも得るところが大きいし、より人間的といえるのではないでしょうか。一人ひとりが自分に一番合ったことを学べるようにしようじゃありませんか。

B：たしかにそうかもしれませんが、それは誤った考えだと思います。何に一番適しているかということをどうやって決めるのでしょうか。私たちは人々が才能を発揮できるようにすべきです。範囲が広く、充実した、最高の教育をすべての人に与えるときに初めてそれは実現されうるのです。専門化や個人の才能の育成については、高等教育で部分的に行うにとどめ、私的なビジネス、会社、専門学校でこれまで以上に力を入れるべきです。機会均等のためには、そうする必要があります。

A：そうではありません、機会均等において最も重要になるのは、すべての人の才能を発達させる教育を提供することです。人間のあらゆる種

類の潜在能力を明らかにできる、優れたテストがあります。一般的な知能テストは最高の指標になりますし、芸術的才能と科学的才能、すなわち手を使う技能と知的技能を識別することもできます。性格因子を調べて、異なる性格特性に合った、成功する見込みが高い職業を明らかにすることさえできます。テスト作成者が診断するための手段を開発して改良を加えているので、選別して分類する精度は年を追うごとに信頼性を増しています。

B：向上する一方だと言いますが、それではテストというのは、人間を羊みたいに分類するのに使えるほどすばらしいものなのでしょうか。ある人が一つの方向を選んで成長する機会が、一度でも間違っていたり、否定されたりするということは、その人の人生すべてを変えてしまいかねません。それは個人に対する道徳的な侵害です。もし絶対的な確信がもてないのなら、生徒を分類したり、能力別に分けたりしてはならないのです。たとえテストの信頼度が100％であっても、それを人間の未来を決める尺度とすべきなのでしょうか。私たちの基準が正しいと自信をもって言えるのでしょうか。小学校の読みのグループ分けですらあやしいものです。私たちが子どもにラベルを貼ると、子どもたちは期待どおりに──期待が高い場合も低い場合も──行動するものです。それは自己成就的予言といってよいでしょう。私たちが学習遅滞者というラベルを貼って否定的にとらえた子どもたちは、そのような期待を上回ることができる公平な機会が得られないのです。機会とは、一人ひとりの生徒のために、できるだけ多くの可能性を開いておくということです。その可能性をいかなる意味においても、閉ざしてはならないのです。

A：思いやりある意見ですが、残念ながら誤解しています。機会とは、潜在能力を発揮する機会を一人ひとりに与えるということです。しかし、その潜在能力を公平に測定して、自分たちと社会に最大の利益をもたらすところに人々を配置しなければならないのは、私たちなのです。子どもたちが指導を必要としていないと考えるのなら、なぜ学校があるのでしょうか。指導するのは難しいですし、方法は不完全かもしれませんが、この複雑な社会においては、専門教育こそが、知的で、効率的で、公平なやり方なのです。一般教育も多少は必要かもし

れませんが、個人の特別な才能は、社会の価値ある共通財産です。すべての人にとっての利益のためにも、固有の能力を見定めて訓練する道義的責任があるのです。

民主的社会においては、一般教育よりも専門教育の方が重要なのか。すべての市民が共有すべき基礎教育はあるか。機会均等のための最善策は、一般教育か、それとも専門教育か。機会を与えるという理念が最大限達成されるのは、可能性を開いておくことか、それとも個人の才能を特定して育成することか。

大衆文化か上流階級の文化か

A：学校が生活から切り離されているという不満をよく耳にしますが、どうにかしようとする人は一人もいません！ 生徒はシェイクスピアを読むことを強制されますが、実生活においては、フェイスブックでブログを書いたり、メールを打ったり、マンガを読んだりすることに何時間もかけるように強制する必要はありません。生徒は交響曲やオペラを聴くことを強制されますが、実生活においては、私たちが聞いたこともないようなジャンルの音楽を、ポッドキャストで聴いています！ 生徒たちは新しいコミュニケーションの方法や、新しい形式の芸術を生み出しています。何が適切なのかを把握しようと躍起になっているのは、私たちの方です。芸術は美術館ではなく、生徒の身の回りの広告や、有用で美しい製品のデザインの中にあります。現代の芸術家、スープの缶や連載マンガの絵を描いている人だってそう考えていたのです！ 生徒たちの実際の文化はかくも豊かで充実しているのに、なぜ私たちはかたくなに人工的で難解な文化を授けようとするのでしょうか。なぜ生徒が現実の世界の文化に批判的に取り組めるようにして、学校が生徒の生活に影響を与えるようにしないのでしょうか。

B：なぜって、シェイクスピア、ベートーベン、レンブラントは、私たちすべての者の生活に影響を与えているじゃないですか。彼らは人間が成し遂げてきたことの極致を示しており、その作品は人間の普遍的な

情緒や感情に雄弁に語りかけているのです。そのようなことは大衆文化では経験できません。美的で人間的な感性を教えるのに、なぜ平凡なものを使うのですか。優れたお手本が目の前にあるというのに。

A：なぜって、生徒はそのようなお手本を手にしようとしないからです！　生徒は自分たちの芸術の形式は、私たちに理解してもらえないと思っています。現実に私たちは、彼らが文学、芸術、映画、音楽などについて本当に理解していると感じていることは、実は次元の低い、非文化的で、青年期特有の感情なのだと教えています。誰もがもつそのような感情から抜け出さなければならないと感じさせているのです。生徒が自分たちの最も深い感情や必要を反映させているものとして、この上なく真剣に受け止めていることを、取るに足らない無意味なものとして扱っているのです。

B：わかってませんね！　シェイクスピアにあるような生々しい心の動きは、他では見つけられませんよ。最も深い要求は、最高の文明だけが提供しうることとの、ある種の対話によって満たされるのです。テレビは、生徒が必要とする感情や、利己的な行動や、非知性的な刺激といったものすべてを与えます。それ以上のことを与えているといってよいでしょう。そのような否定的な文化的影響の埋め合わせをする必要があります。

A：わかります。そうなのですが、善良で、勤勉で、普通の人々からなる大衆を相手にすることは否定されて、自分たちをエリートとみなしているほんの一部の人を相手にしていることは肯定されるのはなぜでしょうか。知的能力のレベルはいろいろでしょうが、愛、怒り、共感、気づかい、喜びなどを感じる情緒的能力は、すべての人間が共有しています。カリキュラムはその能力を利用し、日常的な普通の芸術の形式を生かすことにより、学校と生活の間の溝を埋め、子どもたちに人類共通の人間性を教えるべきです。

B：わかりました。あなたの勝ちです。書庫や図書室からすべての文芸作品をなくしましょう。その代わりに現代小説を置き、生徒たちが読んでいるものを使って英語を教えましょう。音楽室から時代遅れの楽器をなくす代わりにDJを呼んで、古いクラッシックのレコードをスクラッチしてヒップホップのような音楽をかけることにしましょう。芸

術については、そうですね……
A：ちょっと待ってください、そこまでやらなくてもいいんじゃないですか。

　このやりとりについてどう思うか。大衆文化はカリキュラムに取り入れられるか。「上位文化」を教えると、生徒は自分たちの文化が劣っていると思ってしまうのか。生徒たちの文化は、実際に「上位文化」よりも劣っているのか。

教育と公平性──学力格差の縮小

A：政策立案者と政治家は、学校はすべての生徒に平等な機会を与えることができていないということを訴え、テストによって組織を締めつけているのが現状です。テストのために教える以外に教師にできることはほとんどありません。標準テストに合格するための学習では、グローバル経済に参加する準備はままならないでしょう。

B：ある生徒たち──とくにマイノリティーの人口が多い、都市の複雑な生活環境に身を置く生徒たち──の成績が相対的に悪いのは、そのような生徒に対する期待が十分ではないからです。その一因は、現在の学校が果たしている役割にあります。必要条件が緩すぎるのです。基準を厳しくする必要があります。とりわけ数学を3年間、理科と外国語を3年間、必修としていた頃に戻る必要があります。高校卒業の重みを取り戻さなければなりません。マイノリティーの生徒の成績をあげたいなら、レベルをあげて、それを達成することを求めればよいのです。

C：ちょっと待ってください、これは単なる階級や肌の色の問題ではありません。元々勉強が得意ではない生徒はどうすればよいのですか。彼らもまたあなたの言う厳しい条件を満たさなければならないのですか。そのような生徒は、カレッジには行かないし、ましてや科学者、エンジニア、あるいは多国籍企業のトップに立つわけではないのです。公平にするとおっしゃりたいなら、公平とは、それぞれの興味や才能に合ったカリキュラムをすべての者に提供し、勉強が得意ではな

いとしても、到達可能な範囲で、できるだけ遠くまでいけるようにしてあげることなのです。

A：「勉強が得意ではない」というレッテルを貼られる生徒の多くは、有色人種の生徒であるということはご存じでしたか。

B：おっしゃる通りです。だからこそ全員が基準を満たさなければならないのです。州や学区は結果を残さなければ、政府から予算を配分される権利はないということになります。これまではどちらかというと、カリキュラムについて教師の自由裁量に任せすぎでした。すべての者に基準を満たしてほしいなら、基準となるカリキュラムがなければなりません。「台本を持ってきなさい」と言っているのです。私たちには台本が必要なのです。教室で台本を即興で作るのでは、学力格差は縮まらなかったのです。

A：お二人は問題を見誤っています。学力格差を本当に縮小するためには、厳格でありなおかつ、文化的に適切なカリキュラムを提供しなければなりません。子どもたちが街角から抜け出して来て、たくさんの事実を吸収し、その結果、テストの答案の穴埋めができるようになることなどありえません。アカウンタビリティや高い基準には賛成ですが、民主的なコミュニティの一員になるとか、自分やその家族にとって大事な問題について理解して発言することができるとかいったことを、何をもってして判断すればよいのでしょうか。自分にとって意味があり、読む価値があると思うから、読むことを学ぶという場合のアカウンタビリティや高い基準とは何でしょうか。相違がある中でうまくやっていくことや、自分とは異なる能力をもつ人々とコミュニケーションのとり方を学ぶことについてはどうでしょうか。現状では、公立学校における障がい児の統合（インクルージョン）について口先ではうまいことを言っても、いざテストを受けるときになると誰も統合的（インクルーシブ）なカリキュラムを求めません。一部の子どもたちは、テストの日は家にいるように言われるのです。

B：文化的な適切性や統合性を口にする時点で、基準を断念してしまっているのです。アカウンタビリティの客観的な尺度を有する基準に基づいたカリキュラムがあってこそ、全員が公平な立場に置かれるのです。

三人の議論にはどのような問題が潜んでいるだろうか。あなたは三人の中のどれに近いか。その理由は。学校は教育の公平性にどのように取り組むべきか。

凧あげに行こう

　ドゥヘイ・アカデミーの創設者と理事会はこれまでずっと、競争は成人が充実した生活を送る上で不可欠であるのみならず、学習の重要な動機づけになると考えてきた。ドゥヘイの学校生活は、多くの面において、この基本的な信念を反映している。生徒たちが楽しんでいる伝統的な出来事の一つに、毎年6年生のクラス間で行われるクラス・プロジェクトの中で、最優秀作品を決めるコンテストがある。今年のお題となったプロジェクトは凧作りであったが、開校以来初の勝者なしという結果になった。引き分けだったのである！　校長のホワイトヘッド氏と、審査員を務めた7年生の教師三名はそれぞれ、事前の取り決め一つひとつに基づいて、6年A組と6年C組の凧は同点と判断した。6年B組の凧が二番であることは明らかだったが、A組とC組の作品はすべての点において、文句なしの一番であった。そこで審査員は引き分けとして、賞品を両クラスに授与した。賞品は「有人飛行博物館」への社会見学であった。ホワイトヘッド氏はしかし、それぞれのクラスがその凧を作りあげるまでの教育的経験の価値が同等といえるのか疑問であった。たとえ二つのクラスの作品が等しくても、それを作り出す上での教授・学習過程は等しいとはいえないだろう。6年A組担任の男性教師マリンズ先生が、完璧主義者であることは知っていた。プロジェクトが発表されると、マリンズ先生は図書館に行って、凧について手に入るものはすべて読んだとも聞いていた。マリンズの奥さんも驚いてしまったのだが、彼はまた、毎晩書斎で凧を設計して組み立て、週末になるとその模型を体育館の裏で試してみた。ついに他のどれよりも優れている模型を開発すると、細かな設計図を作成してクラスに持ち込んだ。

　マリンズ先生は、生徒一人ひとりに材料と設計図を渡して丁寧に説明し、制作過程の各段階では実演指導を行った。これはクラス間の競争であ

るのみならず、6年A組内の競争であると伝えた。最高の凧を作ることが、生徒一人ひとりに求められた。彼は生徒の取り組みや作品によって、成績をつけるつもりである。全員が作り終えると、マリンズの判断では、ジムの凧が僅差でカレンの凧を上回っていたが、二人ともA＋をつけた。カレンは始めがっかりしたが、6年A組の作品が6年C組と引き分けとなり、博物館見学を勝ち取ったので少し気が収まった。

　しかし、6年C組担任の女性教師グッディ先生は、全く異なるやり方でプロジェクトに取り組んだ。今年のプロジェクトが何かわかるとすぐにそれをクラスに話し、競争に勝つためにはどのように取り組むべきだと思うか尋ねた。生徒たちはみな、ロバートは手先がとても器用なことを知っていたので、クラスで作るすべての「品質管理」をロバートに頼んだ。その他の生徒は、設計者、カラー・コーディネーター、備品の調達係、制作者などをかってでた。すぐに凧作りの小グループが5つでき、各グループが協力して自分たちにできる最高の凧を作った。ロバートは各グループの最後の仕上げをして、外で試す準備をした。クラスみんなでその試行に立ち合い、審査員が注目している点について一人ひとりが凧を評価した。グッディ先生はその評価を集計し、6年C組の出品作品を決定して提出した。彼らはみな、博物館見学を勝ち取ったことを知って誇らしかった。

　6年B組について、ここでは競技会で負けたことぐらいしか言及しなかった。というのも、ブライアン先生は「流行や虚飾」を信じていなかったからである。ブライアン先生は決められたことは守ろうとし、彼のクラスも競技会のための凧を作った。各生徒には凧を作る宿題が出され、帽子に入れたくじをひいて、誰の凧を6年B組の代表として提出するかを決めた。彼の判断では、それはクラスの貴重な時間を使うには値しないから、科学技術に関する歴史の単元を続けた。その単元は、重力を克服する古くからの人間の取り組みを扱っており、十分に興味を惹く内容だった。生徒はその単元が好きなようだった。生徒にとって唯一心残りだったのは、博物館に行けないことだった。博物館に行ける生徒たちよりも、自分たちの方がその見学から多くのことを学べると思ったのだ。

　以上の三人の教師は、同じプロジェクトに、異なるカリキュラムをつくって教えた。それぞれの教師が、総じて何を目的としていたか具体的に

述べなさい。その中のどれが、この学校の哲学に最も合致しているか。教師は学校の哲学に合わせるべきだろうか。三人の教師が指導した学習経験の中でどれが最も優れていると思うか。その理由は。

個別化された学習

　ボブは新任教師で、オープン・エデュケーションの教室で1年生を教えていた。この学校では教師全員がチームを組んで教えていたが、ボブは能力別に分けられた算数のあるクラスを担当した。その学校の算数は、次のようなプログラムになっていた。各児童は、ワークシートに従って学習を進めた。一枚のワークシートを完了すると、次のワークシートに進んだ。このようにして、足し算、引き算、かけ算などを、それぞれのペースで学習することができた。そのねらいは、教師が子ども一人ひとりに対して、適宜注意を払えるようにすることにあった。ボブはこのやり方に納得していた。プログラムが個別化されているところがよいと思った。児童もまたこの授業が好きなようだった。進歩を目に見えるかたちで確認できることや、ワークシートを終えたときにボブから誉めてもらうことが励みとなったのである。

　しかし、少しするとボブは、算数の授業の方向性に疑問を感じ始めた。このやり方では児童に教えている気がしなかったのである。児童はそれぞれワークシートをやっているだけだった。子どもたちと一対一で学習できるものと彼は思っていた。実際は誰とも一緒に学ぶことはなかった。五、六人の子どもがいつも列をなして、質問する順番を待つか、テストを採点してもらうのを待っていた。他のすべての子どもたちを待たせておくのは不公平だったから、思ったほど子ども一人ひとりに時間をかけられないというのが実感だった。テストを終えた子どもたちは誉めてもらい、次のワークシートをやるように言われた。質問がある児童には、まず自分でやってみて、答えを見つけるように指示した。それでうまくいく場合もあったが、三、四回間違えた後、たまたま正解が出るということが多かった。さらにいうと、デスクワークに追われて、児童が期待通りに勉強し、行動しているかどうか確かめる暇がなかった。進度が遅すぎる児童も何人かいた。自分が児童に十分な目配りができていないせいではないかと心配

になった。やがてボブは自分のことが、教師というよりはテストの押し売りのように思えてきた。

　足し算ゲームをしていたある日、ボブが最も恐れたことが現実となったようだった。ボブが選んだ問題は、全児童がやり終えたワークシートからとったものだったから、全員が答えられなければならなかった。ボブの予想に反して、児童の多くは彼が選んだ問題を解くことができなかった。どうやら児童の多くは、本当の意味で学んでいなかったようだ。

　このような算数の学習の概念化（とらえ方）にはどのような特徴があるか。よいところはどこか。誤っているところはどこか。ボブにもっと適している概念化（とらえ方）は他にあるだろうか。ボブは教えていたといえるか。

成績をつける方針

　デイビッド・レビンは、大都市にあるヘンリー・ハドソンという大きな高校の校長である。生徒数の問題で、毎年ある科目は、いくつかのグループに分けて、異なる教師が教えている。アメリカ現代史の場合、三人の教師が担当している。生徒はいずれかの教師に、名前順で機械的に振り分けられる。この単純なやり方が、レビンに複雑な問題を突き付けることになった。

　第一のグループを教えるのは、アルバート・フォーリーである。フォーリー先生は若くて、いくぶん理想主義的な教師で、学習経験を活性化することに教育の主たる目的があると確信している。新聞やテレビからとった時事問題を用い、学習プロジェクトに生徒が自主的に取り組むことを奨励している。フォーリー先生は、正確な事実を使いこなせるようになるということよりも、一人ひとりに対する意味、つまり、アメリカ現代史が生徒たちのためになるようにすることに関心があった。それでこそよい市民性が育つと考えている。生徒の成績は、生徒が自分たちで選ぶトピックスについてのレポートや、教室でのディスカッションや時事問題に対する自分なりの考えの記録に基づいてつけられる。生徒の間では、「楽勝」のフォーリーと言われている。例年30％の生徒がAで、残りの30％はBを

とる。その他はCとなり、Dがつけられるのは相当「深刻な」場合に限られる。フォーリーいわく、教室に行きさえすれば、生徒には単位が与えられる。彼の考えでは、10代であることそれ自体がとても難しいことだから、それ以上厳しくしようとは思わなかった。自分の方針に基づけば、生徒たちは自尊心を高めて、真に学び、成長すると彼は確信している。

「事実を、事実だけを」が、ウィリアム・サンプソン先生の信念である。彼は第二グループの教師であり、教育内容がすべてと考えている。サンプソン先生は徹底して教科書に忠実であろうとし、非常に細かい授業を行う。生徒にはアメリカ政府やここ数年の歴史的出来事に関する事実を知ることを求め、根拠のない意見は許さない。よい市民性は確固たる知識の上に育つというのが彼の主張であった。単位をとるためには、アメリカ史を行きつ戻りつしながら学ばなければならないと常々生徒には言っている。それが実行できているかを示すために生徒は、厳格な客観テストを受けなければならない。このテストによって最も正確な事実を知っているかどうかが試された。40人の生徒からなる今年のクラスでは、成績は次のような配分でつけられた。Aが3人、Bが5人、Cが18人、Dが9人、そしてFが5人だった。サンプソン先生によれば、テストこそが生徒の知識についての公平な手段であった。生徒は彼を、「恐怖のサンプソン」と呼んでいる。

第三グループの教師、ナンシー・ライトは、生きるとは限られた資源をめぐる争いであると確信している。彼女の授業にはその信念が反映されている。将来生徒たちは、人生というテーブルでパイの一切れを奪い合うことになる。それと同様に、彼女の授業では、学習成果の階層のどこに位置するかをめぐって、互いに競争しなければならない。ライト先生は相対評価で成績をつける。現在担当している40人の生徒からなるクラスでは、Aが5人、Bが10人、Cが15人、Dが7人、そしてFが3人だった。この成績配分は、彼女が経験を重ねた結果、好んで採用するようになったものである。ライト先生は、成績を公平に判断するために、レポートと客観テストを両方とも用いる。相対的に成績をつけるという方法は、クラスの他の生徒との比較に基づくのでえこひいきの問題がないし、各生徒が達成したことを正確に反映していると彼女は考えている。ライト先生に生徒がつけたニックネームはとくにない。

カリキュラム現象について全く異なる三つのとらえ方があると、同じ科目名でも異なるカリキュラムがつくられることになるのか。どのやり方でも歴史学習の目標は達成されるのだろうか。この事例のような状況は生徒にとって公平か。

社会科のカリキュラム

A：ご出席ありがとうございます。ご存じのように、私たちは今、社会科のカリキュラムを統合して、幼稚園から高校までのグローバル・スタディズを立ち上げようとしています。おそらく今後は、学期を通して会合をもたなければならないでしょう。やるべきことはたくさんあります。どこから始めましょうか。

B：最終的な成果として何を求めるかということについて、合意を形成する必要があると思います。そうすればめざすべきことがわかりますし、どうしたらよいか考えられるでしょう。

A：いい考えです！　みなさんうなずいていますから、全員Bさんに賛成のようです。では、まず最終目標についてのお考えを手短にうかがうところから始めましょう。どなたか口火を切っていただけますか。

C：このやり方を採用する教師や校長にとって最も役に立つのは、各学校の各学年でどのようなトピックスを網羅すべきかということについて、私たちが明確で詳細な概要を提示することだと思います。そうすれば、教師も校長も何をすべきかがわかるでしょう。

D：それもいいと思いますが、カリキュラムというのは内容だけで決まるわけではありません。生徒が達成すべき学習成果という観点から定められた目標リストを、教師に与える必要があります。それによって教師は、何をめざすかがわかるのです。

E：いいや、目標のリストなんて何の役にも立たない、単なるお役所の決め事ですよ。教師はそんなことを気にしてはいけません。本当に大事なのは、生徒が実際に何をするかであるということを、教師はわかっています。必要なのは、各学年の所定の内容を習得するためには、クラスや一人ひとりの生徒がどのような活動に取り組むとよいか、教師

に説明することです。

B：ご説ごもっともですが、それについてもう少し考えてみましょう。カリキュラムの本質は、活動でも、目標でも、内容でもなく、生徒が何を経験するかということにあるのではないでしょうか。人間にとっても世界全体にとっても重要であり、生徒に与えたいと思う教育的経験を説明することができさえすれば、教師は新しいカリキュラムの本当の意味がわかるでしょう。

D：そのことをさらに深くつきつめる必要があります。そうしようとする教師は、トピックスや取り組むべきことのリスト以上のものを必要としています。すべての生徒が、同じ情報や技能を確実に習得するための行動計画を必要としているのです。

A：さしあたりそれを目標にしましょう！

　ここでの不一致は本質的なものだろうか、それとも単なる用語上、あるいは個人的な好みの問題なのだろうか。新しいカリキュラムを実践する上で教師に最も役立つことをめぐって、どうして見解の不一致が生じてしまったのだろうか。生徒が行う学習の種類について合意できなかったのだろうか。真のカリキュラムとは何かということについて、このように意見が対立しながらも、この委員会はうまく機能できると思うか。機能しないという場合、あなたがAさんだとしたら、意見の相違の調整、あるいは克服に向けてどこから手をつけるか。

十人十色

A：わが国では伝統的に、学校教育を統制する権限が地方に認められています。それは単に、誰もが教育について発言できるということを意味しているのではありません。学校のカリキュラムと目的を、地方の状況に合わせる機会を人々に与えるということでもあります。もしあなたが英語を話せない家族が多い大都市にいるなら、バイリンガルのカリキュラムが不可欠です。安定した、使われている言語が一つの、地方にあるコミュニティにいるなら、コンピュータ化された新しい様式の農業向け簿記や、あなたが教えるカリキュラムにふさわしい文化的

芸術グループの導入が必要かもしれません。自分たちで目標を定めて、自分たちのカリキュラムをつくれるようにすることは、合理的なだけではなく民主的です。

B：でも、それはうまくいってませんよね。私たちの国は、読み書きができず、グローバルな競争に耐えられない人が多い国になってしまっています。あなたの考えは聞こえはよいのですが、教育を混乱させているのではないでしょうか。何でもありになってはいませんか。十人十色ということなんですか。民主的社会において、すべての学校が地方の状況にかかわらず満たすべき基本的な目標、内容、価値というものはないのでしょうか。リテラシー、よい市民性、意義ある仕事をするための準備のような国の目標を見つけ出し、合意を得ようとしなくてもよいのでしょうか。すべての生徒が算数・数学、理科、歴史、文学を学ぶべきなのではないでしょうか。教育の機会均等の実現は、民主主義におけるすべてのカリキュラム作成が従うべき、重要な原理なのではないでしょうか。

A：その通りですが、民主主義においては、そういったことを人々に強制することはできません。人々を信頼して、自分たち自身で決めるようにしなければなりません。教育者として私たちにできるのは、その過程を合理的に導き、それが徹底的に、また効率的になされるようにするための枠組みを提供することです。その上で詳細の決定は、各コミュニティ、各学校、各教師に委ねられるのです。

B：はじめはあなたのことを現実主義者だと思いました。地方の状況を考慮しなければならないと言っていましたからね。しかし、今の意見を聞いていると、現実に全く目を向けない、理想主義者だったようですね！　教師とコミュニティが実際に決めているのではありません。連邦政府が、公立学校における教育の機会均等に関する法を定めて施行しているのです。州議会と州の教育局が、安全運転教育や公民から高校卒業に必要な教科に至るまで、あらゆる種類のカリキュラムを要求し規定しているのです。あなたは私たちに、カリキュラム開発についてもっと多くのことを期待するようにさせたいようですが、わが国の学校のカリキュラムには、あなたが思っている以上に、必修化された共通性というものがあります。これについてどう説明しますか。

A：状況が似ていて、認識されている問題も似ていれば、解決策も似たようなものになります。大事なのは、その過程においてたどるべき段階を明確にすることです。そうすれば、自分たちの目標は自分たちが必要とすることの中から立てられるということや、その目標は適切な教育活動を注意深く選択、組織、評価することによってのみ達成されるということが理解されるでしょう。

B：では、もし自由に選択できるようにしたいというなら、なぜあなたがおっしゃるカリキュラム作成法を選ばなければならないのでしょうか。

A：それが唯一の実現可能で合理的な方法だからです。

　Aさんの最後の発言に同意するか。カリキュラムに関する決定は、完全に地方の専権事項であるべきなのか、それとも、より大きな社会的政治的構成集団が、基本的なカリキュラムに関わる案件について決定することが許されるべきなのか。地方による統制というのは、現実にはありえないのか、それとも現実なのか。価値中立的なカリキュラム作成の手続きというのはありえるか。

手続きは重要か

　アマナ学区は、小学生用社会科カリキュラムの改訂のために、十人の委員からなる委員会を立ち上げた。女性の教育長が当委員会に、カリキュラム作成の確かな原理に基づき、可能な範囲で最善の学習プログラムを開発することを命じた。教育長はまた、カリキュラムの中ではグローバル・スタディに重点を置くことを委員会に求めた。彼女は、「この地球は小さくなっているが、子どもたちはまだ外国や外国の人々のことをあまりにも知らなすぎる」と感じていたのだ。

　同委員会の委員長アンゼル・ファミロフは、当学区の社会科コーディネーターだった。彼はタイラーの見解が最も妥当であり、委員会が職責を果たす上で、最も高い専門性が認められる方法と考えていた。それゆえ、夏の学習活動について、四段階の過程に即して述べた。目標を定め、学習活動を選択し、学習活動を組織し、評価方法を開発したのである。

アンゼル・ファミロフが目標の決め方について委員に説明しようとしたちょうどそのとき、同委員会で尊敬を集め、はっきりとものを言うサディ・ヒルという年長の女性教師が割って入った。ヒルはこう言った。「アンゼル、タイラー原理は機械的です。近代産業社会の科学技術に偏っているのです。教育者として私たちは、一人ひとりの子どもが最大限発達できるようにする義務があると私は思いますし、この学区の方針もそのような考えを支持しています。この機械的で、画一的で、融通が利かない、行動主義的なモデルを使ってカリキュラムをつくることで、そのような教育が実現できるとは思えません」。
　ファミロフ博士は思いもよらない批判に面食らいながらも、タイラーを強硬に弁護した。「タイラーの方法は完全に中立的です」と彼は言った。「四段階すべてにおいて、十分に人間的なものにすることができます。タイラーはどのような目標を追求すべきかということは言っていません。それはあなたに委ねられているのです。合理的で確かな手続きに従うだけの話です。あとはあなた自身の教育哲学に合わせて目標を決めればよいのです」。
　その後議論がたたかわされ、何人かの委員はタイラーの原理に対する疑問を表明し、機械的で、技術的で、非人間的であるように思えるというヒル女史に同意した。その原理はすべての目標を同じように扱っているように見受けられるという点で一致をみた。彼らによると、目標の中には明確に述べることが不可能ではないにせよ難しい目標もあり、明確に述べられる目標だけを追求するというのでは、最も重要であるがとらえどころのない教育目標——たとえば、よい人間になるとか、よいセルフイメージを獲得するなど——は無視されてしまう。他の委員はファミロフ博士に同意して、タイラーの枠組みを受け入れ、自分たちが支持する目標を具体化するところから始めるよう反対者に迫った。

　あなたならどちらの側につくか。どのようにして自分の主張を正当化するか。あなたが学区のカリキュラム・コーディネーターだとして、会の進行をめぐって委員会が真っ二つに分かれていることに気づき、中断を余儀なくされたとしたらどうするか。対立を解決しようとするか。もしそうなら、両者をどう説得するか。対立があっても先に進む方法はあるだろう

か。もしそうなら、論争が続くのをどうやって阻止するか。

　グローバル・スタディを強調せよという教育長の提案は、タイラーの原理からして正当だろうか。タイラーの原理に従うことを決定したとして、委員会は教育長の提案を受け入れるべきだろうか。受け入れるべきとしたら、あるいは受け入れるべきではないとしたらその理由は何か。

「適切な」文学を教える

　ジェニファー・カルフーンにとって、今日はとても大事な日だった。教育実習生として初めて、これまで参観してきた高校2年生の文学のクラスを担当することになったのである。ジェニファーは、これから6週間教えることになる、20世紀アメリカ文学の単元について一生懸命考えた。州立大学の基礎科目で学んできた進歩主義の理論家から大きな影響を受けていたので、生徒自身を単元の中心に据えることをめざした。文学作品を分析して細かく調べることを生徒に学ばせることには、彼女はあまり関心がなかった。生徒が学習活動から刺激を受け、読むことを楽しみ、授業から大事だと思える何かを得てほしいと思った。ジェニファーの考えでは、これまでの授業はそのようにはなっていなかった。

　そこでジェニファーは多くの時間をかけて、生徒の興味を惹く、生徒に適した本のリストを作成した。10代の若者についての物語、詩、本などを選んだ。その中のいくつかは、若者が書いたものであった。多様な生徒がいるので、異なる民族や人種を代表する作家の作品を選んだ。彼女が開発した活動は、自由な討論と、作文の課題が中心であった。生徒に文学を好きになることを学んでほしいと心から願い、そうなるようにカリキュラムを組み立てた。

　ジェニファーは、熱い気持ちと、自分の目標を達成するために考え抜いた計画を携えて、クラス（そして、その日授業を参観していた彼女の指導教員）に単元を提示した。しかし、予想に反して、彼女が与えた読み物や計画に生徒はとくに興味をそそられた様子ではなかった。拒否反応を示す生徒すらいた。

　その午後、指導教員とのその日の話し合いの中でジェニファーは、生徒の反応に戸惑い、がっかりさせられたことを正直に打ち明けた。指導教員

の助言にジェニファーはかえって混乱してしまった。指導教員によれば、生徒はこれまでのやり方に慣れてしまっているから、新しいやり方がよからぬものに思えたのではないかということであった。それに加えて、この2年生のクラスの多くの生徒は、大学進学を希望している。大学進学適性予備テスト、大学進学適性テスト、学力テストがまもなく行われること、そしてそのテストの文学部門の標準的な問題は、ジェニファーのリストにある本には載っていないことを生徒は知っていた。指導教員はジェニファーに、標準的なカリキュラムや、標準的な課題とテストに戻るよう助言した。何も変えないということが結局は、生徒にすればありがたいのだ。

あなたがジェニファーだったらどうするか。カリキュラム作成の手続きとして、自分が置かれている現実に生徒を直面させるようにすべきか。そのように変えることは不可能なのか。ジェニファーのとった方法は、タイラー、シュワブ、フレイレのどれに近いか。あなたならこの状況において、どのような文学の単元を開発しようとするか。

批評家としての教師

マデリン・ハリスが窮地に立たされていることは周知の事実であった。彼女は、フルトン高校で、新任1年目を終えたところであった。1週間前、校長のジョン・フィールライトが、教育長と教育委員会に、フルトン高校における、基準に基づくカリキュラム実行計画を提出した。それはハイ・ステイクスなテスト対策とすることをめざして、教科ごとにテストの受け方の単元を用意し、すべての生徒に教育の公平性を保証しようとするものである。各学科には指導員が配置され、教師に対して新しいカリキュラムを活用できるように指導したり、うまく教えられているかどうかを教師が確認する手助けをしたりすることになっている。教員評価は生徒のテストの成績と結びつけられており、フィールライト校長は今のところ能力給与制までは提案していないが、やがてそうなるであろうことは想像に難くない。これまでのところこの計画は歓迎されていた。校長はフルトンのテストの点数が低下しているという統計や、フルトンの全生徒が成功でき

る機会を与える必要性に言及してきた。基準に基づく同様のカリキュラムを採用している学校の成功を示す調査研究からの抜粋や、指導員の派遣を依頼したコンサルタント会社のパンフレットも配布した。そのパンフレットでは、その会社のサービスを採用した全国の他学区の成功例が詳細に説明され、効果的な調査に基づく実践を推奨していた。校長には説得力があった。教育委員会はその提案について検討し、次の会合で投票することを決定した。会合は今から3週間後に開かれる。

　この1週間、フルトンでは議論がたたかわされた。様々な理由で、教員の何人かは、校長の案には同意しかねていた。そうはいっても、その案に従わざるをえないという者も中にはいた。決定権はコミュニティにあるとみなす者もいれば、大事なことはすでに決定済みであると感じる者もいたのである。しかし、それ以外の教員は少数派ではあったが、激しく反対した。そのリーダーであるアレックス・トマセッティは教師を結集して、ジョン校長の提案に次の会合で反論しようとしていた。アレックスはマデリンに対して自分たちに加わるよう圧力をかけた。マデリンはフィールライト校長からも圧力をかけられていた。校長は、フルトンで自分と一緒に働くことができる教員を求めていると公言していた。言い換えれば、まだ終身雇用となっていない教師（マデリンもそうだった）は、もし校長の計画に反対したら、契約してもらえないのである。

　マデリンは、ジョン校長が委員会に提示した資料に目を通した。説得力はあった。しかも、生徒の学習成果を改善できるように思えた。だが、行動主義に基づいて目標を設定するという方法は、マデリンの教授哲学にはしっくりとこないところがあった。彼女はテスト重視のカリキュラムには反対だったし、営利目的のコンサルタント会社を導入するために、巨額の公費を投入することには強く反対していた。パンフレットの中では繰り返し「調査に基づく」という言葉が使われていたが、それに関する情報は、パンフレットの中にもウェブサイトにも見当たらなかった。彼女は大学時代に使った教科書を引っ張り出して、このような問題を考える上で参考になりそうなものがないか探してみた。自分の疑問について、もっと具体的に考えてみたかったのである。その結果、文化全般を生命の表現として理解しようとする解釈学者や、人間の尊厳を重んじる人文学者に自分が強く共鳴していたことを思い出した。そのような研究者は、知識を文化やグ

ループ内の相互作用の機能とみなしており、厳格な教育目標を外的な権威によって教室で押し付けることには反対していた。

　しかし、マデリンは、校長に対する代案を提示する手がかりまでは得られなかった。教育の公平性に反論することは難しかった。だが、アレックスによれば、校長が考えている教育の公平性は、社会正義とは相反するものであった。もしこのやり方が間違っているというなら、その代わりに何ができるのか。マデリンは校長の案を読み、考え、なんとかその問題点を見つけようとしたが、研究すればするほど、問題の全容を完全に把握することなどできそうもないと感じるのだった。

　マデリンはアレックスに自分の調べたことを話した。アレックスは、彼女が調べたことの中で校長に反撃する材料にできるものはすべて使うと言った。しかし、マデリンは、調査による証拠を使って政争に拍車をかけるようなことはしたくないと反論した。最善の教育プログラムとは何かということが、本当に問われているのか疑問に思えてきた。もしかしたら、校長とアレックスの間の個人的な権力闘争こそが問題になっているのではないか。

　彼女はアレックスにこう言った。調査したことを教育委員会に伝えるが、ただし、あくまでもこの問題のすべてを調べたいと思っている教育の専門家としてそうするのだと。アレックスは冷ややかだった。調査事実そのものが問題となっていると考えるマデリンは、世間知らずだと彼は言った。もしそうだというなら、コンサルタント会社に依頼して、彼らが勧める現実に基づく調査とやらをやってもらえばよいではないか。そんなことをしても、われわれには不利になるだけだったではないかとアレックスは言った。そもそもマデリンがどんなに客観的であることを装ったところで、校長や教育委員会からは反対者とみなされるだろう。アレックスが言うには、マデリンが自分の主張が正しいと本当に信じているなら、客観的であり続けることはできない。それなら自分たちの仲間になるべきだ。社会正義が私たちに断固とした態度をとることを求めているのだ。

　マデリンはどうしたらよいか。批判によって誰が得するのか。批判はどのような状況において、どれほど説得力をもつのか。ある主張をしたり、議論をしたりする上で、すべてに答える必要性はどれくらいあるのか。い

ずれかの立場を支持すべきなのか。中立であり続けることは可能か。

理論と実践

A：ここの教授たちはたしかに理論の大切さを教えてくれますが、現実の学校で働く人に本当に役立つことはたいしてありません。もちろん研究による発見が役立つこともたまにはありますが、大部分はしょせん象牙の塔の机上の話しです。

B：役立つ発見もあるにはありますが、「学習に従事している時間」の調査のように常識的な発見にすぎず、ほとんどの教師が何らかのかたちですでに実践してきたものです。生徒が学習課題に時間をかければかけるほど、それを学習する可能性が高まるということを明らかにする研究計画に、100万ドルかける必要はありません！

C：教室や教師に関する研究が役立てられる可能性はあるのでしょうが、歴史、哲学、何かを批評する学問などは、現実離れしすぎていて、学校や教室を変えることなどできません。

D：みなさんは、「役立つ」ということを「文字通り」の意味で受け止めているようですね。ある教育的な研究や調査が、何を、どのように行うかを直接教えてくれないなら役立たないし、価値がないと考えているようです。ふと思ったのですが（私が教授だからこう思うというわけではありません）、知識というものは、どのようにすればよいかを教えてくれる以外にも、重要な役割を果たすのではないでしょうか。知識は、それなくしてはわからないようなことに気づけるようにしますし、私たちが属している組織が公平であるか熟慮するよう促します。知識は、歴史的な展望を与えてくれるので、その都度一から考える手間を省き、これからの教授、学校、カリキュラムについて考えることを可能にします。現在の実践の間違っているところを見極める助けとなり、視野の広い専門的な見方ができるようにします。それにより、教育工場の単なる技術家にならないようにしてくれます。知識はまた……

A：また始まった！

B：やっぱり彼は大学の教授ですね！

C：そんなのは日常生活とはかけ離れた話です！　教育工場だって！　教育工場を学習の砦と教わったこともありました！

A：ご覧の通り、私たちが教わった理論的なことはみな、実践と全く結びついていません。そのような無意味なことを知らなくても、よい教師や本当の専門家になることはできます。

　Dに賛成か反対か。教育に関する学問や調査を教育実践と結びつけるために、どのような方法が他にあるか。カリキュラムや教室に関する研究は、実践者に「どのようにすればよいか」を教えることを目的とすべきか。本書で学んだことの中で、教師としてのあなたに変化をもたらす可能性があることが一つでも思いつけるか。それとも、すべては「象牙の塔」の話だったか。

ある学校の教育哲学

　私たちは次のように信じている。
　私たちの学校は、すべての者が学ぶことができるようにするためにある。
　この複雑な現代社会においては、幅広く多様な、知識、技能、価値、態度が重要になる。
　私たちには、すべての者が次のようなことを学べる、豊かな環境を作り出す義務がある。
　－口頭や文書で効果的にコミュニケーションがとれる
　－批判的かつ論理的に考える
　－コンピュータの基本的技能を身につける
　－自分の健康を維持する
　－芸術的文化的価値を理解する
　－科学や、科学が私たちの世界にもたらす効果を理解する
　－実りある人生になるように計画を立て、有用で一般的な職業上の技能や態度を身につける
　－コミュニティの一員として、道徳的に、責任をもって行動する
　－民主的社会の市民として、自分の義務を果たす

- 消費者、大人、市民にふさわしい判断をする
- 生産的な人間として学び、成長し続ける能力を身につける

　このリストにあげられている公約や目的の中で、同意できないもの、あるいは除外したいものはどれか。付け加えたいものはあるか。最優先すべきもの、あるいは優先順位が低いものを二つか三つ選ぶとしたらどれか。クラスの中であなたのランキングと他の学生のランキングを比べてみよう。相違がある場合、解決することはできそうか。そもそも相違を解決する必要はあるのか。学校の哲学をこのように宣言することは、カリキュラムの立案に役立つだろうか。自分が教えている学校の哲学に教師が同意するということは、どの程度必要なのか。

誰の目的が問題か

　ウエブスター・アカデミーは、無宗派のプレパラトリー・スクール［一流大学進学のための準備教育を行う寄宿制の私立中等学校。］であり、「紳士の徳と人文科学の知識の注入」を目的として1872年に創設された。その歴史の大半を通して、ラテン語、英文学、修辞学などを含む伝統的カリキュラムを提供し、規律と学問に厳格であることでその名を知られてきた。ウエブスター・アカデミーの評判は良く、ほとんどの卒業生は有名大学に進学した。

　近年、現校長であるドナルド・ハーンズのリーダーシップのもと、ウエブスター・アカデミーの特徴やカリキュラムは大きく変わった。ハーンズ氏は、卒業生の一人であり、変革期の学校を指導しつつ、その伝統を守れる人物として校長に選ばれた。10年前、一部の卒業生からの強い要望や、授業を抜本的に拡張する必要性から、同校は共学になった。その当時ハーンズ氏は、真の教養教育のためには幅広い経験が必要であり、共学はさらなる興味を喚起する経験の一つになるとした。その後女子の体育プログラムが開発され、女性解放研究がカリキュラムに付け加えられた。

　同じ頃、生徒たちの中にこれまでよりも活発な世代が現れて、学校やハーンズ氏の指導体制にさらなる要望を突き付けた。生徒の要求や抗議に応じて、ウエブスターは服装や行動の規制の一部を緩和し、生徒には以前

よりも個人の自由が許されるようになった。この生徒たちはまた、自分たちの経験や関心に今以上に見合った教育を求め、同校のカリキュラムはその希望に合わせて変更された。結婚、生態学、未来主義［イタリアの芸術革新運動。］といった内容に関する科目が導入された。学校は顧客の好みの変化に応じて、学習課程を作成し続けてきた。

　最近では、生徒も保護者も、よりプラグマティックな態度をとるようになってきた。経済的な状況が変化したことに起因する動揺や不安によって、就職に力を入れた教育に対する関心が高まってきた。この新しい世代の生徒は、経済的な危機の時代に十分な収入を得るための準備を学校に期待している。以前の保護者会はとても寛大な組織だったが、このたび正式に、コンピュータの使用と科学技術、メディア研究、パーソナルファイナンス、キャリア戦略といった科目を提供することを学校に要望した。彼らの主張によると、ウエブスター・アカデミーは現代のニーズや関心を反映する組織であり続けなければならなかった。

　このような要求は、ウエブスター・アカデミーのアイデンティティやカリキュラムの統一性に影響を及ぼし、学校に精神的危機をもたらした。一部の卒業生や年配の教員は、新たな要求を受け入れることは、ウエブスター・アカデミーが本来の教育的使命を見失い、若者や神経質な保護者の気まぐれのために、正統な権威を捨て去ることにほかならないと抗議した。そのような批判者からすれば、統一性があり統制のとれたかつての一般教育のプログラムは、今となっては「カフェテリア」方式になっており、未成熟な生徒が、相互に何の関連もない、楽な科目をつまみ食いしている。彼らによると、その結果生徒は誤った教育を受け、文化的に損なわれている。有名カレッジや大学への進学の減少が何よりの証拠とされた。彼らはまた、この学校は道徳教育や人格形成に対する責任を放棄したと批判している。これまではこの学校とは無縁であった、窃盗や薬物使用が深刻な問題となっていた。現在のウエブスター・アカデミーの生徒は、だらしなく、不作法で、不道徳で、誇り高きこの学校の恥さらしとみなされている。

　このような卒業生や教員は、誤った「大衆向け」の教育方針を廃棄することを要求している。選択方式を減らし、一部の今風の科目をカリキュラムから取り除く改革を提案してきた。伝統的な学習を重視した統一性のあ

るカリキュラムを再びこの学校に取り戻し、理性的な徳と適切な行動規範を支える教育哲学や、それにふさわしい規律を求める指針に立ち返ることを、彼らは一致団結して訴えている。ハーンズ氏にはその方向で指導力を発揮することが求められた。

　ハーンズ氏もそうするつもりではあるが、自分がリーダーシップをとることによってどうなるかはよくわからない。彼は、教育者としての自分の役割や学校の使命について考え続けている。

　あなたがハーンズ氏だったらどうするか。誰の目的を重視すべきか。卒業生か、生徒か、保護者か、社会か、校長か。この学校は、「より高度な文化」を伝達する、社会を反映する、自分が必要と思ったことを生徒が達成できるようにする、といった目的の中で、どれをめざすべきか。いくつかの見方を調和させることができるカリキュラムはあるか。カリキュラムはそのような葛藤のバランスをとる必要があるのか。

注釈付き文献目録

Apple, Michael W. *Cultural Politics and Education.* New York: Teachers College Press, 1996.
カリキュラム批評の専門家が、教育における文化的多様性の政治性について考察している。

Applebee, Arthur N. *Curriculum as Conversation.* Chicago: University of Chicago Press, 1996.
カリキュラムについて、子どもたちを文明化された生活を構成する様々な会話へと導く手段として考察している。

Autio, Tero. *Subjectivity, Curriculum, and Society: Between and Beyond German Didaktik and Anglo-American Curriculum Studies.* Mahwah, N.J.: Lawrence Erlbaum Associates, 2006.
アメリカではあまり知られていない、伝統的で道具主義的なアングロサクソン系アメリカ人のカリキュラム理論と、ドイツ教授学理論を特徴づける主な哲学の流れについて検討している。その二つの理論に基づいて、現代の動向を批評する可能性についても検討している。

Ben-Peretz, Miriam. *The Teacher-Curriculum Encounter.* Albany: State University of New York Press, 1990.
より専門的かつ創造的にカリキュラムの教材を使用する必要性や、その教材を作成したり使用したりする過程に対する教師の関与を強める必要性を論じている。

Bereiter, Carl, and Scardamalia, Marlene. *Surpassing Ourselves: An Inquiry into the Nature and Implications of Expertise.* Chicago: Open Court, 1993.
認知科学の知見をカリキュラムに、大胆かつ熱心に応用している。すべての生徒が深い理解に達することができるようにするという問題に焦点をあてている。

Bowers, C. A., and Flinders, David J. *Responsive Teaching.* New York: Teachers College Press, 1990.
教師のカリキュラムに関する意思決定において、言語や文化の型を考慮すべきとする。その言語や文化の型の体系として教室を論じるための概念的基礎を提供する。

Connelly, F. Michael, and Clandinin, D. Jean. *Shopping a Professional Identity: Stories of Educational Practice.* New York: Teachers College Press, 1999.
教師の生活や生涯に関わる物語を通して、カリキュラムに関する仕事が、専門家としての教師の生活においてどのような位置を占めているのかを描いている。

Counts, George S. *Dare the School Build a New Social Order?* New York: John Day Co., 1932.
(中谷彪ほか訳『地域社会と教育――教育委員会の社会的構成』明治図書出版、1981年、111-141頁。)
改革者にたたかう準備を命じた古典。学校をより大きな社会改革を引き起こす手段として用いることを説いている。

Cuban, Larry. *How Teachers Taught: Constancy and Change in American Classrooms, 1890-1980.* New York: Teachers College Press, 1993.
教室観察者の約1世紀に及ぶ報告を詳細に分析することにより、キューバンは、改革運動は教師の教え方や、実際に教える内容にほとんど影響を及ぼさなかったとしている。

Dewey, John. *Democracy and Education*. New York: Macmillan, 1916.（松野安男訳『民主主義と教育』岩波文庫、1975 年。）
　アメリカの最も思慮深く影響力のある教育理論家による、最も総合的で影響力のある著作。

Education Commission of the States. *A Policy-Maker's Guide to Education Reform*. Denver, CO: The Commission, 1997.
　学力の基準を上げるために、全州的な改革を立案する上での方針を示す。

Eisner, Elliot W. *The Educational Imagination* (3rd edition). New York: Macmillan, 1994.
　芸術から示唆や見方を引き出すために、カリキュラムの問題を総合的に検討している。

Fosnot, Catherine Twomey, ed. *Constructivism: Theory, Perspectives, and Practice*. New York: Teachers College Press, 1996.
　カリキュラム――とりわけ理科と算数・数学のカリキュラム――に関する改革運動において重要な役割を果たしている構成主義について概説している。

Freire, Paulo. *Pedagogy of the Oppressed*. New York: Herder and Herder, 1970.（三砂ちづる訳『新訳　被抑圧者の教育学』亜紀書房、2011 年。）
　抑圧された人々の意識を高めるための、参加的教育という教育のあり方を主張している。

Gardner, Howard. *The Disciplined Mind: What All Students Should Understand*. New York: Simon and Schuster, 1999.
　多重知能という概念を一般に普及させた心理学者が、自らのカリキュラム構想を概説している。彼が言うカリキュラムは、厳格で統制がとれているが、言語や数字に関わる知性のみならず、音楽的、運動的、空間的知性も包括している。

Hillocks, George, Jr. *Ways of Thinking, Ways of Teaching*. New York: Teachers College Press, 1999.
　経験豊富な英語教育の研究者が、カリキュラム改革者の要求を何度も受けて、教師が自分たちの実践を変えようとする際に直面する困難について精査している。教師が教室での実践を大きく変える方法として、教授に関するワークショップを共同で開くことが提案されている。

Huebner, Dwayne E., Pinar, William, and Hillis, Vikki. *The Lure of the Transcendent: Collected Essays of Dwayne Huebner*. Mahwah, N.J.: Lawrence Erlbaum Associates, 1999.
　ヒューブナーによる古典の全集であり、「カリキュラムの言語と教室の意味」がウィリアム・パイナーの序文とともに収録されている。

Jackson, Philip W. *The Moral Life of Schools*. San Francisco: Jossey-Bass, 1993.
　学校生活の様々な側面の道徳的重要性について、カリキュラムや隠れたカリキュラムに言及しながら探求している。

Jackson, Philip W., ed. *Handbook of Research on Curriculum*. New York: Macmillan, 1992.
　カリキュラムのあらゆる側面に関する調査や研究について、当該分野の第一人者が各章を著している。カリキュラムの思想や知識をめぐる状況に関する、1990 年の時点での優れた批評が収録されている。その大半は今なお妥当性がある。

Murphy, Joseph, ed. *The Educational Reform Movement of the 1980s*. Berkeley, CA:

McCutchan, 1990.
　1980年代に開始され、21世紀に入っても継続されている、全州にわたる学校改革の取り組みの起源に関する情報が得られる書。

Noddings, Nel. *The Challenge to Care in Schools*. New York: Teachers College Press, 1992.（佐藤学監訳『学校におけるケアの挑戦――もう一つの教育を求めて』ゆみる出版、2007年。）
　学校教育の目標として、肯定的な人間関係を維持することの重要性を強調するフェミニストの見解。

Oakes, Jeannie. *Keeping Track: How Schools Structure Inequality*. New Haven, CT: Yale University Press, 1985.
　一部の学校が、人種や社会経済的状態が異なる生徒に対して不平等な教育機会を与えるカリキュラムを、どのようにして組織しているかということを分析している。

Pinar, William, ed. *The Passionate Mind of Maxine Greene: "I am . . . not yet."* Bristol, Pa.: Falmer Press, 1998.
　マキシン・グリーンがカリキュラムをめぐる思考に対してどのような貢献をしたかを考察した論集。グリーンの自伝的回想も収録。

Phenix, Philip. *Realms of Meaning*. New York: McGraw-Hill, 1964.（佐野安仁、吉田謙二、沢田充夫訳『意味の領域――一般教育の考察』晃洋書房、1980年。）
　実践的なカリキュラム案を提示するために、深い考察が加えられている。様々な学問的思考様式が働いて相互に影響を及ぼすことにより、人間の経験に意味を与えているとみなされている。

Popkewitz, Thomas S., Tabachnick, B. Robert, and Wehlage, Gary. *The Myth of Educational Reform: A Study of School Responses to a Program of Change*. Madison: University of Wisconsin Press, 1982.
　学校の現実の世界に新しいカリキュラム実践が導入されたときに、何が起きるかということを考察している。

Rousmaniere, Kate. *City Teachers: Teaching and School Reform in Historical Perspective*. New York: Teachers College Press, 1997.
　フェミニストの立場から学校改革を考察している。第3章の「カリキュラムの迷宮――増大する教師の仕事」はとくに、カリキュラムについて考える上で参考になる。改革に対する教師の反応を論じるその他の章も興味深い。

Rousseau, Jean-Jacques. *Emile*. London: J. M. Dent ad Sons, 1911.（今野一雄訳『エミール』岩波文庫、2007年。）
　教育における自然主義を論じた18世紀の古典であり、その後の多くの著述家や、彼らを通して西洋の教育に甚大な影響を与えてきた。

Schwab, Joseph. *Science, Curriculum, and Liberal Education*. Chicago: University of Chicago Press, 1978.
　デューイの主張に基づいて、バランスが取れた総合的な一般教育論を展開した、影響力のあるアメリカの哲学者・教育者の論集。次も参照のこと。*The Practical: A Language for Curriculum* (Washington, D.C.: National Education Association, 1970).

Sizer, Theodore. *Horace's Compromise: The Dilemma of the American High School*. Boston:

Houghton Mifflin, 1992.
　　労働状況によって自分たちの理想に妥協を迫られている献身的な教師たちの姿を、ホレースという一人の人物に集約させて描き出している。中学・高校の改革を訴える書。

Stevenson, Harold W. *The Learning Gap.* New York: Simon and Schuster, 1994.
　　アメリカの生徒の学力をアジアの生徒の学力と比較し、学習に本質的な差があることを明らかにしている。解決策として、より厳格な学問的カリキュラムと、より構造化された教授法を提案している。

Stodolsky, Susan. *The Subject Matters.* Chicago: University of Chicago Press, 1988.
　　小学校の教室における学習を分析し、教師は教科ごとに異なる教え方をしていることを論じている。

Tyler, Ralph. *Basic Principles of Curriculum and Instruction.* Chicago: University of Chicago Press, 1949.（金子孫市監訳『現代カリキュラム研究の基礎――教育課程編成のための』日本教育経営協会、1978年。）
　　現代的なカリキュラムに関する古典。カリキュラム開発を、教育目標の明確化から始めることを主張する。20世紀アメリカのカリキュラムに関する文献を理解するための必読書。

Vandenberg, Donald. *Education as a Human Right.* New York: Teachers College Press, 1990.
　　バンデンバーグは、文化多元主義と多重知能を事実と受けとめた上で、それでもなお、すべての人が人間として学ぶ権利を有する、核となる知識があると論じる。

Walker, Decker F. *Fundamentals of Curriculum: Passion and Professionalism* (2nd edition). Mahwah, N.J.: Lawrence Erlbaum, 2003.
　　カリキュラムを実践的な試みとみなす見解を具体化した総合的な教科書。このような見方をするカリキュラムの専門家が、カリキュラムの改善に寄与する方法を提案している。

訳者解説

本書の主眼──「教育について考えるシリーズ」の一巻として

　本書『カリキュラムと目的──学校教育を考える』は、Decker F. Walker, Jonas F. Soltis, Assisted by Frances Schoonmaker, *Curriculum and Aims*, 5 th edition, Thinking About Education Series（New York : Teachers College Press, 2009）の全訳である。この第5版から、フランシス・スクーンメイカー（コロンビア大学ティーチャーズ・カレッジ名誉教授、専門はカリキュラムと教授）が改訂に協力している。（索引は原書にはないが、読者の便宜を考えて、基本的な事項・人名や、本書において重要な位置を占めていると思われる事項・人名などに絞って作成した。網羅的で厳密な索引ではないが、適宜活用して頂きたい。）

　『カリキュラムと目的』は、コロンビア大学ティーチャーズ・カレッジ（教員養成系大学院）出版から、「教育について考えるシリーズ」の一巻として刊行された。同シリーズの中で『カリキュラムと目的』は、「学校教育は何を目的とすべきか」（p.11）という根本的な視点から、学校で教え学ばれる「カリキュラム」に関わる基礎的な理論や概念などを解説するにとどまらず、それを駆使して学校教育の目的とカリキュラムをめぐる諸問題について実際に「考える」ことに力を入れている。翻訳書の副題に「学校教育を考える」を付したのは、本書の主眼がそこにあることを明示するためである。目的と思考に力を入れている点において本書は、カリキュラムや教育課程関連の数ある書籍の中でもユニークな位置を占めているといえる。また、大学院を視野に入れた教員養成の再編が検討されている現在、大学院レベルを視野に入れた教職課程や現職教育に範を示してきた点においても注目に値するだろう。

　学校教育のカリキュラムについて考える上で本書が重視しているのは、「過去の偉大な教育思想家が提案してきた目的について検討し、20世紀に伝統主義者と進歩主義者の間でたたかわされた主たる教育論議を振り返る

ことにより……カリキュラム理論と教授実践の根本的で現代的な問題を取り扱う」ことである（本書原書の裏表紙に記載されている解説より）。ここに端的に指摘されているように、本書の主眼は、もう少し詳しくいえば、カリキュラムと目的に関わる「根本的で現代的な問題」について考えるための手段を、教育の「過去（歴史）」や「思想」から厳選し、それを実際に活用する訓練をすることにある。考えるための手段となる思想や歴史の軸となっているのは、19世紀末頃から20世紀半ばぐらいまでに「子ども中心教育」をスローガンに掲げて推進された、「進歩主義教育（新教育）」である。本書の主眼をこのように大きく押さえた上で、以下においては、本書の概要と特徴について考察し、本書を活用する上での一助としたい。

本書の概要——「何のために」、「何か」、「いかに」

　本書は以下のような構成をとっている。第1章「教師とカリキュラム」においては、「ほとんどの教師にとって、カリキュラムとの関わりが、最高の日々になるか、それとも最低の日々になるかの分け目となる」（p.13）という認識のもと、とくに教師や教職志望者がカリキュラムを研究することの意義が説かれている。カリキュラムの立案や開発に取り組むための時間と資源や権限はどうしたら手にできるかということや、カリキュラムをよりよく変えるための判断基準とは何かといったことが論じられている。
　第2章と第3章は、「カリキュラムと目的」のうち、後者の「目的」について論じている。第2章「教育の目的」においては、代表的な教育目的観として、プラトン、ルソー、デューイの三人の思想家や、生活や経験を重視した進歩主義者と、教科や規律を重視する立場からそれを批判した伝統主義者の見解が取り上げられている。第3章「一般教育」は、すべての者に等しく与えられるべき一般教育とは何かということが、目的、内容、組織といった観点から検討されている。基礎とは何かを論じた上で、典型的な一般教育観がいくつか紹介される。そのように複数の一般教育観があることの意義が力説されている。
　第4章「カリキュラム現象の概念化」では、カリキュラムに関する諸概念を用いて、カリキュラムとは何かということが分析されている。ライル、ブラウディ、ブルーム、ホワイトヘッド、デューイ、ブルーナー、キ

ルパトリック、ハーストらの見解に言及しつつ、カリキュラムという様々な要因が絡まり合った複雑な「現象」を、どうとらえるかということを検討する内容となっている。

　第5章「カリキュラム作成の手順」においては、代表的なカリキュラム作成論を取り上げて、カリキュラムをいかにしてつくるかということが解説されている。まず最も影響力があるカリキュラム作成論とされる「タイラー原理」について解説した上で、それを乗り越えることをめざす学説として、シュワブ、フレイレ、グッドラッドなどが言及されている。

　第6章「カリキュラム実践の解明と批評」は、実際に実践において実施されるカリキュラムの実態に迫り、その機能や効果が論じられている。「タイラー原理」に伏在する問題点、文化的再生産、能力別編成の効果、言語の機能の変化といった観点から、カリキュラム実践が批判的に、また歴史的に解明されている。

　第7章「交差する改革の流れ」は、カリキュラムを教育改革（史）の一環と位置づけ、国家、教育委員会、教師、保護者といった多様なアクターがせめぎあう政治的闘争の場として論じている。アメリカ教育改革史をたどりながら、カリキュラム改革の実態や、改革と教師が向き合う上でのポイントなどが検討されている。学校のガバナンスのあり方も論点の一つとなっている。

　なお、第1章から第7章までの章末には、「さらなる探究のために」という項目が設けられており、各章に関連する文献、映画、サイトなどが、解説を付して列挙されている。また、巻末には「注釈付き文献目録」が付けられている。翻訳されていない文献も多いが、解説に目を通すと、各章の考察をさらに深める手がかりが得られるだろう。

　以上の内容を整理すると、
　　教師がカリキュラムについて考える必要性や重要性（第1章）
　　→カリキュラムは「何のために」あるのか＝教育の目的とは（第2、
　　　第3章）
　　→カリキュラムとは「何か」（第4章）
　　→カリキュラムを「いかに」つくるか（第5章）
　　→つくったカリキュラムは「いかに」実践において機能しているのか
　　　（第6章）

→カリキュラムを「いかに」改革するか（第7章）

という簡明な構成となっている。基本的には、理論から実践へ、学校の内から外へと論が展開されている。カリキュラムと目的について、主要な人物・著作・理論・概念などを内容ごとに細切れにして解説するのではなく、「何のために」、「何か」、「いかに」という流れに即して総合的に論じ、一貫性のある一つの論を提示しているストーリー性も本書の特徴といえよう。

「根本的」だから「現代的」──「よい理論ほど実践的なものはない」

　本書はアメリカにおける教員養成用テキストであるから、日本の学校教育におけるカリキュラムと目的に関する具体的な事項や事例などは取り上げられていない。学習指導要領もゆとり教育も出てこない。（ちなみに、本書で日本が言及されているのは、なぜ日本人はアメリカよりも経済的に優れているのかという問い（p.50）と、1980年代にアメリカの会社は日本やドイツの会社と渡り合っていく力を失ったのであり、日本やドイツの労働者の教育はアメリカ以上であるという指摘（p.127）の二か所である。）

　だが、先にもふれた通り、『カリキュラムと目的』の特徴が「根本的で現代的」であるところに認められるとすると、現代日本の学校教育に対する示唆も大いに期待される。本書は、1986年の刊行以来、第2版（1992年）、第3版（1997年）、第4版（2004年）と、5年から7年ごとに改訂されてきた。それにより社会の変化や要請に対応しながらも、「根本的」な内容を取り扱ってきた。「根本的」だからこそ時代や文化を越えて、現代の学校教育に寄与しうるというのが、本書の変わらないスタンスである。第5版の改訂は2009年で少し時間が経っているが、本書の意義が大きく損なわれるわけではない。

　「根本的」だから「現代的」であるということはまた、「根本的」だから「実践的」であるということでもある。「よい理論ほど実践的なものはない」（p.116）というのである。実践に寄与しうる「根本的」な「よい理論」を選りすぐって提供しようとしたのが本書である。

　本書の主著者デッカー・F・ウォーカーは、スタンフォード大学名誉教授であり、「注釈付き文献目録」の最後に掲載されている『カリキュラム

の基礎』(初版1990年、第2版2003年) の著者でもある。『カリキュラムの基礎』は、カリキュラムについて定義、歴史、理論、改革、研究という五点から論じる第1部「パースペクティブ」と、第1部で学んだことを学校や教室のカリキュラムの改善にどう生かすかが検討されている第2部「実践」から構成されている。「根本的」な「よい理論」を実践に生かそうとする『カリキュラムと目的』と同じ主旨で執筆されている。『カリキュラムと目的』は、「よい理論ほど実践的なものはない」という理念に基づく研究を進めてきた著者による、理論と実践を架橋する教育学の書である。

十分かつ公平に考え続けるために

　実践的な教育学を志向するということは、「教育について考えるシリーズ」に通底するねらいでもある。本シリーズは、「学校における日々の実践について示唆に富む洞察を与える」ことに重点をおいて編集されているのである（本書冒頭の編者ソルティスによるシリーズ紹介文参照）。そのような主旨から、実践において直面するであろう問題について実際に考える力を養うことに力が入れられている。

　そうはいっても、実際に考えるということは容易ではない。本書の中でも言及されているように、自分が教えるカリキュラムを考えることは、教師のやりがいや喜びになりうる。ただし、考えるための時間や資源が常にあるわけではない。しかも、「あるカリキュラムが適切であるとか正確であるということは、いかなる意味においても証明できない」(p.21) から、考えたからよい答えにたどりつける保証もない。

　そのような制約や限界をわきまえながら、考えることに重きが置かれるのは、「十分かつ公平に熟慮された判断 (fully and fairly considered judgment)」こそが、教師にできる最善であるという立場に立つからである (p.21)。「十分かつ公平に熟慮された判断」は本書の鍵概念の一つであり、本書がめざす思考のモデルとなっている。

　十分かつ公平に考え続けられるようにする仕掛けとして、本書の第8章には18のケースが用意されている。本論中にも随所で多くの問いが提起されている。その問いに対する答えが記されている場合もあれば、記されていない場合もある。18のケースはすべてオープンエンドになってお

り、答えは読者が考え出さなければならない。

　具体的には、最初の問いは、第2章の「理想としての目的」で、プラトン、ルソー、デューイが教育の目的として、公正な国家、自由な個人、真に民主的な社会をそれぞれ説いていることに関して投げかけられている。そうした目的は今なお実現されていないとした上で、「達成できないのなら、そのような理想の目的に何の意味があるのだろうか」と問う。この問いに対しては、「理想の目的は、それと反対の状態よりもよい方向を指し示しているというのが一つの答えになるだろう」と指摘されている(p.27)。プラトン、ルソー、デューイが理想とする目的について解説を終えた後の問いはこうだ。「あなたは理想の目的についてどう考えるか。教授に役立つとすればそれは、どのような働きをするか」(p.32)。この問いに対する答えは、読者に委ねられている。いずれにせよ、学ぶ者も教える者も、あちこちで提起されている問いやケースの答えを求めて、一人で、あるいは共同で、考えるよう促される。

　このように問いやケースが豊富に用意されているからといって、自ずと議論が始まり、活発に意見がたたかわされるというわけでもない。ケースメソッドやケーススタディによる授業は日本でも紹介されているが、十分かつ公平に考え続けられるようにするために、どのようにして問いやケースを活用するかということは大きな課題である。もともと日本人はこのような議論は得意ではないともいわれる。

　とくに第8章のケースについては、外国の人名や地名などがでてきたり、社会的・文化的・歴史的相違などがあったりするため、考えにくいという問題があろう。たとえば、「カリキュラムの変化」に登場する二人のドイツ語教師は名前からして、女性教師スーザン・シンは中国系、彼女の先輩男性教師マックス・シュミットはドイツ系と推測される。非ドイツ系で後輩の女性教師であるスーザンが、ドイツ系で先輩の男性教師であるマックスからのドイツ語教育の改善案にどう対応するかということが、本ケースを検討する上での考えどころとなっている。そのように人名や地名は、人種、階層、地域などを暗示しており、ケースを考える上での情報源となる場合がある。それが日本人の私たちにはわかりにくいということはあるだろう。

　そうではあるが、ケースメソッドの支持者が主張するように、実際に考

える場合にも入手できる情報は限られている。また、ケースや問いの中には、私たちにも当てはまるものがいくつも含まれている。たとえば、153頁の表1「事例と論争一覧」において示されるケースの「主な課題」にある、「カリキュラムを変えることに教師はどこまで関わる必要があるか」という問いや、「理想の目的と現実が対立する場合どうすればよいか」という問いなどがそうである。本文中の理論や概念などを実践レベルに落とし込むとどうなるかを理解するために、ケースを活用することも考えられるだろう。議論しなくともケースから学ぶことはあるのではないか。

さらにいうと、そもそも第8章の18のケースについては、「今実際に存在する、あるいは存在する可能性があるトピックスや問題をすべて網羅することはできていない」から、「あなた自身で事例や論争を自由に書いたり、自分自身の経験に基づく問題をクラスで議論したりしてみてほしい」と助言されている（p.152）。より真に迫った思考を実践するために最終的には、それぞれの状況に即してケースを適宜創作したり、個人的な問題を取り上げたりすることが求められているのである。本書を「創造的な方法で使用すること」は、刊行時からの提案であった（*Curriculum and Aims*, 1986, p.ix）。

だとすると、本書に記された問いやケースは、カリキュラムと目的について考えられるようにするマニュアルではなく、たたき台であり、例示であるといってよい。それぞれの問いやケースについて、読者が置かれた状況に基づき、本書を熟読し、話し合い、調べ、問いを立て、できることならケースを創作する。その過程においてこそ本当の意味で考えることが可能になるのであり、そうすることこそが、十分かつ公平に考え続ける条件となることを、本書は示唆している。

そのためには、それ相応の準備が必要になるだろう。一例を紹介しておきたい。次頁のワークシートは、第8章のケース「手続きは重要か」について作成されたものである。

「1.」の「a，b，c」は「手続きは重要か」の末尾にある問いとほぼ同じだが、「a」では、「この授業で学んだ見解や読んだことに基づいて」という条件が付け加えられている。「2.」と「3.」は、YouTubeのビデオや文献を活用したオリジナルの問いである。この実践例が示すように、十分かつ公平に考え続けられるようにするためには、学ぶ者はもちろん、教える

以下の問いに、指定された字数で答えなさい。

1. この事例を読んで、カリキュラムについてこれまで読んだり考えたりしてきたことに基づいて、以下の問いに答えなさい。
    a）あなたならどちらの側につくか。この授業で学んだ見解や読んだことに基づいて、自分の主張が妥当であることを示しなさい。
    b）あなたが学区のカリキュラム・コーディネーターだとして、会の進行をめぐって委員会が真っ二つに分かれていることに気づき、中断を余儀なくされたとしたらどうするか。対立を解決しようとするか。もしそうなら、両者をどう説得するか。対立があっても先に進む方法はあるだろうか。もしそうなら、論争が続くのをどうやって阻止するか。
    c）グローバル・スタディを強調せよという教育長の提案は、タイラーの原理からして正当だろうか。タイラーの原理に従うことを決定したとして、委員会は教育長の提案を受け入れるべきだろうか。受け入れるべきとしたら、あるいは受け入れるべきではないとしたらその理由は何か。

2. YouTubeのビデオ「成績表の事例」を見た上で、この授業で学んだ文献や議論に基づいて、テストの点数を用いて学校、教授、学習の質を見極めようとするフレイザー・インスティテュートの主張の信頼性について検討しなさい。その主張が信頼できるか否かを500字で説明しなさい。

3. 次の二つの中から一つ選んで答えなさい。
    a）この授業で学んだことによって、自分のカリキュラム観に確証が得られたか、それとも変化したか。500字で説明しなさい。
    b）マッカーナン［『カリキュラム・アクションリサーチ』（1996年）、『カリキュラムと想像力』（2008年）などの著作がある教育学者 James A. McKernan であり、本講義では彼の著作をテキストとして使用したと推測される。］によると、学校レベルで教師がアクションリサーチを行うことによって、最もよいカリキュラムを計画立案することができる。あなたの研究や実践に関わるカリキュラム問題に焦点をあてたアクションリサーチ・プロジェクトの計画を、500字で作成しなさい。その際、次の諸点を含めること。(a) その問題や、それが抱える困難についての概説。(b) その問題をあなた自身がどのように理解して、アクションプランあるいは可能な解決策を構想したかについての説明。(c) アクションリサーチの計画や予定表の概要（可能な活動や、データ収集と分析の方法を含めること）。（マッカーナンの130-136頁を参照）

(このワークシートは、http://blogs.ubc.ca/ewayne/files/2009/11/Workbook2-Nove-09.pdf、YouTube のビデオは、http://www.youtube.com/user/FraserInstitute#p/a/00A1DA6344883C57/1/qheBfoIMt2w をそれぞれ参照のこと。2014年3月12日アクセス）

者の学びが重要になるだろう。教える者は、本書が提案するカリキュラムと目的に関する思考を生かして、カリキュラムや教材を実際に作成することが求められるのである。

　最後に翻訳の作業について一言記しておくと、基本的には、「カリキュラム」や実践に近い領域を森山がカバーし、「目的」や思想・歴史に近い領域は佐藤がカバーした。大学院を視野に入れた教員養成の伝統あるテキストであり、かつ内容的にはアメリカ教育史研究や進歩主義教育が軸となっていることから、それぞれの専門や現在の仕事を生かして作業に取り組んだ。

　翻訳を完成させるまでには、元常磐大学の黒田利英先生から有益なご助言をいくつも頂きました。記して感謝申し上げます。また、本書の意義をご理解くださった玉川大学出版部、編集作業の中心になってくださった森貴志氏には、出版の起案から刊行まで大変なご尽力を賜りました。記して心よりお礼申し上げます。

2015年1月

佐　藤　隆　之

事項・書名索引

[あ行]

アカウンタビリティ　24, 30-31, 33, 85, 99, 104, 127, 165
新しい数学　103, 121, 127
「新しいカリキュラム」　121, 122, 130
『アメリカ中等教育における民主主義と卓越性』　65
『イデオロギーとカリキュラム』　107
一般教育　22, 41-46, 48-51, 53-56, 58, 59, 63, 77, 121, 148, 160-162, 183, 187, 190
イヤー・ラウンド制（プログラム）　119, 125
エッセンシャル・スクール連盟　33, 127
『エミール』　26, 29, 187
オープン・エデュケーション　33, 121, 122, 127, 168

[か行]

学力格差　30, 50, 57, 103, 164, 165
学力テスト　104, 110, 111, 177
学校改革　33, 42, 129, 149, 187
学校選択　122
ガバナンス　121, 126, 141, 191
カリキュラム
　——現象　65, 67, 69, 75, 116, 171, 190
　——実践　24, 34, 100, 103, 151, 187, 191
　——に関する意思決定　99, 185
　——理論　33, 40, 41, 92, 104, 185, 190
　隠れた——　108, 186
　共通——　43, 140, 146
　公式の——　11, 13, 15, 16
　進歩主義の——　33, 38, 153, 158
　伝統主義の——　33, 153, 158
『カリキュラム作成法』　85
完全習得学習　79
『危機に立つ国家』　104, 122, 127
国家基準　119, 146
基準テスト　31, 124, 128, 134, 138
基準運動　85, 119

基礎に返れ（バック・トゥ・ベイシックス）　33
逆向き設計　94, 95, 100
『教育の目的』　42, 69
教育のリズム　69
『教育目標の分類学』　67
教科の構造　72, 73, 78
『教師—経験主義者』　90
『高校』（ボイヤー）　104
『高校』（ワイズマン）　61
構成主義　88, 117, 128, 186
『国家』　26, 27
『子どもとカリキュラム』　70, 71
個別化された学習　72, 153, 168

[さ行]

職業教育　48, 55, 121, 122, 129
『修辞学、ロマンス、テクノロジー』　113
『自由社会における一般教育』　48
十人委員会　47, 54, 84, 106
進歩主義　24, 32-35, 41, 56, 61, 70, 84, 124, 129, 176
　——教育　33, 47, 60, 61, 121, 129, 130, 190, 197
　——教育運動　33, 74, 119
　——教育協会　33
　——者　22, 26, 33-35, 38-40, 61, 73, 84, 121, 157, 189, 190
　——のカリキュラム　→カリキュラム
スプートニク　80, 121, 122
生活適応　26, 121, 122
生成テーマ　96, 97
『セサミストリート』　104, 122, 130
全米教育研究協会　34, 42

[た行]

タイラー（の）原理　86, 89-92, 94, 98-100, 104-107, 175, 176, 191, 196

多重知能　123, 186, 188
多文化教育　122
段階的な変化　125-127, 135, 136
知識の形式　42, 78
チャーター・スクール　123, 127, 146
中等教育改造審議会　47, 54
『中等教育の基本原理』　47
デューイ・スクール　32
伝統主義　33, 41, 70, 73, 131
　　──者　22, 26, 33-35, 38-40, 146, 157, 189, 190
　　──のカリキュラム　→カリキュラム
統合（カリキュラムの）　48, 77, 89, 117, 171

[な行]
「2000年の目標」　122, 123, 134
『人間──学習課程』（MACOS）　79, 80
能力別編成　110, 116, 191

[は行]
ハイ・ステイクスなテスト　24, 104, 139, 177
バウチャー　122, 127, 139, 146
発見学習　79
パフォーマンス評価　→評価
「一人も落ちこぼれを出さない」政策（法）
　　31, 99, 104, 123, 131, 134, 150
批判的思考　19, 44, 55, 157, 158
批判的意識　95-97
批判的教育学　100
評価　75, 98, 99, 108, 167, 170, 174, 177
　　──（クリバード）　106
　　──（タイラー原理）　87-91, 100
　　──（ブルーム）　68
　　──（ポファム）　90-91
　　ハイ・ステイクスな──　24, 104
　　パフォーマンス──　123
『被抑圧者の教育学』　95, 186
フェミニスト（女権拡張論者）　29, 80, 187
フォニックス　78, 126
プロジェクト・メソッド　74-76, 80
文化的再生産　107, 191

文化多元主義　38, 188
ヘッド・スタート　104, 122, 130
ホーム・スクーリング　123, 146
ホール・ワード・アプローチ（見てすぐ言わせる指導法）　78, 121, 126

[ま行]
マスタリー・ラーニング　→完全習得学習
『民主主義と教育』　26, 27, 77, 186
目的　11, 12, 20, 23, 25-27, 30-32, 34, 37, 38, 41-48, 55-59, 65, 67, 74, 75, 77, 80, 81, 84, 85, 87, 90, 92-95, 97, 99, 106, 116, 121, 128, 130, 142, 146, 148, 151-153, 158, 160, 167, 169, 172, 181, 182, 184, 189, 190-192, 194, 195, 197
　　教育（の）──　22, 25-27, 29, 30, 32, 34, 41, 42, 47, 49, 55, 63, 75, 80, 87, 97, 148, 190, 191, 194
　　理想の──　27, 32, 87, 153, 194, 195
問題解決　19, 23, 55, 66, 157, 158

[ら行]
らせん型カリキュラム　73, 79
リテラシー　44, 45, 50, 51, 53, 55, 79, 96, 123, 126, 173
レインボー・カリキュラム　123

人名索引

[ア行]

アイスナー, E. W.　92, 93, 186
アップル, M. W.　107-109, 185
ウェブスター, N.　56
ウォーカー, D. F.　93, 136, 137, 188, 192
ウィギィンズ, G. T.　94, 95
エリオット, C.　47
エルソン, R. M.　140, 141
オング, W.　113-116

[カ行]

カウンツ, G. S.　185
キューバン, L.　125, 139, 185
キルパトリック, W. H.　35, 37, 39, 74-76, 80, 81, 190-191
グッドラッド, J. I.　98, 99, 191
クリバード, H.　61, 105-107
グリーン, M.　187
クレミン, L. A.　33, 60, 129
ケインズ, J. M.　116

[サ行]

サイザー, T.　33, 187
ジャクソン, P. W.　186
シュナイダー, J.　135, 136
シュワブ, J. J.　91-94, 177, 187, 191
スミス, B. O.　65, 68
ズムウォルト, K. K.　135, 136
ソクラテス　27, 28, 107

[タ行]

タイヤック, D.　61, 125, 139
タイラー, R. W.　86-94, 97-100, 104-107, 174-177, 188, 196
ダーウィン, C.　41
ターナー, D.　86, 87
ターナー, L.　86, 87
ダローフ, U.　110-112

デューイ, J.　22, 26, 27, 31-34, 41, 61, 70-73, 76, 77, 85, 106, 156, 186, 187, 190, 194

[ナ行]

ニイル, A. S.　61

[ハ行]

パイナー, W.　81, 186, 187
ハースト, P.　77, 78, 191
バーネット, J. R.　65, 68
バンデンバーグ, D.　188
バントック, G. H.　51-54, 85
ヒューブナー, D. E.　186
ピータース, R. S.　27, 32, 42
フェニックス, P.　187
ブラウディ, H. S.　65, 68, 190
プラトン　22, 26-32, 41, 85, 190, 194
ブルーナー, J. S.　72, 73, 79, 190
ブルーム, B. S　67, 90, 190
フレイレ, P.　94-98, 177, 186, 191
フロイト, S.　41, 63, 67
ボイヤー, E.　104
ボビット, F.　61, 85
ボファム, W. J.　90, 91
ボーリン, F. S.　135, 136
ホワイトヘッド, A. N.　42, 69, 70, 72, 73, 76, 190

[マ行]

マクタイ, J.　94, 95
マルクス, K.　41

[ラ行]

ライル, G.　64, 65, 190
リッチャー, M. N.　98, 99
ルソー, J-J.　22, 26, 27, 29-32, 41, 156, 187, 190, 194

■著者

デッカー・F・ウォーカー（Decker F. Walker）
スタンフォード大学名誉教授（教育学）

ジョナス・F・ソルティス（Jonas F. Soltis）
コロンビア大学ティーチャーズ・カレッジ名誉教授（教育哲学）

■訳者

佐藤隆之（さとう・たかゆき）
早稲田大学教育・総合科学学術院教授。早稲田大学大学院教育学研究科博士後期課程単位取得退学。博士（教育学）。専攻は教育思想、教育史。おもな著書に『キルパトリック教育思想の研究──アメリカにおけるプロジェクト・メソッド論の形成と展開』（風間書房、2004年）、『学校改革抗争の100年──20世紀アメリカ教育史』（共訳、東信堂、2008年）など。

森山賢一（もりやま・けんいち）
玉川大学教育学部・大学院教育学研究科教職専攻教授。常磐大学大学院人間科学研究科博士後期課程修了。博士（人間科学）。専攻は教育方法学、教師教育学。おもな著書に『教育学概論』（共著、岩崎学術出版社、2001年）、『総合演習の理論と実践』（学文社、2007年）、『教育課程編成論』（学文社、2013年）など。

カリキュラムと目的
学校教育を考える

2015年3月25日　初版第1刷発行

著者─────デッカー・F・ウォーカー
　　　　　　　ジョナス・F・ソルティス
訳者─────佐藤隆之
　　　　　　　森山賢一
発行者────小原芳明
発行所────玉川大学出版部
　　　　　　〒194-8610 東京都町田市玉川学園6-1-1
　　　　　　TEL 042-739-8935　FAX 042-739-8940
　　　　　　http://www.tamagawa.jp/up/
　　　　　　振替 00180-7-26665
装幀─────しまうまデザイン
印刷・製本──藤原印刷株式会社

乱丁・落丁本はお取り替えいたします。
©Tamagawa University Press 2015　Printed in Japan
ISBN978-4-472-40494-8 C3037/ NDC375